TRANZLATY

Sprache ist für alle da

زبان سب کے لیے ہے۔

Das Kommunistische Manifest

کمیونسٹ منشور

Karl Marx
&
Friedrich Engels

Deutsch / اردو

Published by Tranzlaty

ISBN: 978-1-80572-347-9

Original text by Karl Marx and Friedrich Engels

The Communist Manifesto

First published in 1848

www.tranzlaty.com

Einleitung
تعارف

Ein Gespenst geht um in Europa – das Gespenst des Kommunismus

کمیونزم کا بھوت یورپ کو پریشان کر رہا ہے

Alle Mächte des alten Europa sind eine heilige Allianz eingegangen, um dieses Gespenst auszutreiben

پرانے یورپ کی تمام طاقتوں نے اس بھوت کو ختم کرنے کے لئے ایک مقدس اتحاد میں شمولیت اختیار کی ہے۔

Papst und Zaren, Metternich und Guizot, französische Radikale und deutsche Polizeispione

پوپ اور زار، میٹرنیچ اور گیزوٹ، فرانسیسی بنیاد پرست اور جرمن پولیس جاسوس

Wo ist die Oppositionspartei, die von ihren Gegnern an der Macht nicht als kommunistisch verschrien wurde?

اپوزیشن میں وہ پارٹی کہاں ہے جسے اقتدار میں موجود اس کے مخالفین نے کمیونسٹ قرار نہیں دیا ہے؟

Wo ist die Opposition, die nicht den Brandvorwurf des Kommunismus gegen die fortgeschritteneren Oppositionsparteien zurückgeschleudert hat?

وہ اپوزیشن کہاں ہے جس نے زیادہ ترقی یافتہ اپوزیشن جماعتوں کے خلاف کمیونزم کی برانڈنگ کی مذمت نہیں کی؟

Und wo ist die Partei, die den Vorwurf nicht gegen ihre reaktionären Gegner erhoben hat?

اور وہ پارٹی کہاں ہے جس نے اپنے رجعتی مخالفین پر الزام نہیں لگایا؟

Aus dieser Tatsache ergeben sich zweierlei

اس حقیقت سے دو چیزیں نکلتی ہیں

I. Der Kommunismus wird bereits von allen europäischen Mächten als eine Macht anerkannt

کمیونزم کو پہلے ہی تمام یورپی طاقتوں نے خود کو ایک طاقت کے طور پر تسلیم کیا ہے۔

II. Es ist höchste Zeit, dass die Kommunisten ihre Ansichten, Ziele und Tendenzen offen vor der ganzen Welt offenlegen

اب وقت آگیا ہے کہ کمیونسٹ پوری دنیا کے سامنے کھل کر اپنے خیالات، مقاصد اور رجحانات کو شائع کریں۔

sie müssen diesem Kindermärchen vom Gespenst des Kommunismus mit einem Manifest der Partei selbst begegnen

انہیں خود پارٹی کے منشور کے ساتھ کمیونزم کے سپیکٹر کی اس نرسری کہانی کا سامنا کرنا ہوگا۔

Zu diesem Zweck haben sich Kommunisten verschiedener Nationalitäten in London versammelt und folgendes Manifest entworfen

اس مقصد کے لیے مختلف قومیتوں کے کمیونسٹ لندن میں جمع ہوئے اور مندرجہ ذیل منشور تیار کیا۔

Dieses Manifest wird in deutscher, englischer, französischer, italienischer, flämischer und dänischer Sprache veröffentlicht

یہ منشور انگریزی، فرانسیسی، جرمن، اطالوی، فلیمش اور ڈینش زبانوں میں شائع کیا جانا ہے۔

Und jetzt soll es in allen Sprachen veröffentlicht werden, die Tranzlaty anbietet

اور اب اسے ان تمام زبانوں میں شائع کیا جانا ہے جو ٹرانزلیٹی پیش کرتا ہے۔

Bourgeois und Proletarier

بورژوا اور پرولتاریہ

Die Geschichte aller bisherigen Gesellschaften ist die Geschichte der Klassenkämpfe

اب تک موجود تمام معاشروں کی تاریخ طبقاتی جدوجہد کی تاریخ ہے۔

Freier und Sklave, Patrizier und Plebejer, Herr und Leibeigener, Zunftmeister und Geselle

فری مین اور غلام، پیٹریشین اور پلیبیین، مالک اور سرف، گلڈ ماسٹر اور سفر کرنے والا

mit einem Wort, Unterdrücker und Unterdrückte

ایک لفظ میں ظالم اور مظلوم

Diese sozialen Klassen standen in ständiger Opposition zueinander

یہ سماجی طبقات ایک دوسرے کی مسلسل مخالفت میں کھڑے تھے۔

Sie führten einen ununterbrochenen Kampf. Jetzt versteckt, jetzt offen

انہوں نے بلا تعطل لڑائی جاری رکھی۔ اب پوشیدہ، اب کھلا

Ein Kampf, der entweder in einer revolutionären Rekonstitution der Gesellschaft als Ganzes endete

ایک ایسی لڑائی جو یا تو بڑے پیمانے پر معاشرے کی انقلابی تشکیل نو میں ختم ہوئی۔

oder ein Kampf, der im gemeinsamen Ruin der streitenden Klassen endete

یا ایک ایسی لڑائی جو متحارب طبقوں کی مشترکہ تباہی میں ختم ہوئی۔

Blicken wir zurück auf die früheren Epochen der Geschichte

آئیے تاریخ کے پرانے ادوار پر نظر ڈالتے ہیں۔

Wir finden fast überall eine komplizierte Einteilung der Gesellschaft in verschiedene Ordnungen

ہم تقریبا ہر جگہ مختلف احکامات میں معاشرے کا ایک پیچیدہ انتظام پاتے ہیں۔

Es gab schon immer eine mannigfaltige Abstufung des sozialen Ranges

سماجی رتبے میں ہمیشہ کئی گنا اضافہ ہوا ہے۔

Im alten Rom gibt es Patrizier, Ritter, Plebejer, Sklaven

قدیم روم میں ہمارے پاس پیٹریشیئن، نائٹس، پلیبیینز، غلام تھے۔

im Mittelalter: Feudalherren, Vasallen, Zunftmeister, Gesellen, Lehrlinge, Leibeigene

قرون وسطی میں :جاگیردار، جاگیردار، گلڈ ماسٹر، سفر کرنے والے تربیت یافتہ، سرف

In fast allen diesen Klassen sind wiederum untergeordnete Abstufungen

ان میں سے تقریبا سبھی طبقوں میں، ایک بار پھر، ماتحت درجہ بندی

Die moderne Bourgeoisie Gesellschaft ist aus den Trümmern der feudalen Gesellschaft hervorgegangen

جدید بورژوازی معاشره جاگیردارانہ معاشرے کے کھنڈرات سے ابھر کر سامنے آیا ہے۔

Aber diese neue Gesellschaftsordnung hat die Klassengegensätze nicht beseitigt

لیکن اس نئے سماجی نظام نے طبقاتی دشمنیوں کو ختم نہیں کیا ہے۔

Sie hat nur neue Klassen und neue Unterdrückungsbedingungen geschaffen

لیکن اس نے نئے طبقات اور جبر کے نئے حالات قائم کیے ہیں۔

Sie hat neue Formen des Kampfes an die Stelle der alten gesetzt

اس نے پرانی جدوجہد کی جگہ جدوجہد کی نئی شکلیں قائم کی ہیں۔

Die Epoche, in der wir uns befinden, weist jedoch eine Besonderheit auf

تاہم ، جس دور میں ہم خود کو پاتے ہیں اس میں ایک خاص خصوصیت ہے۔

die Epoche der Bourgeoisie hat die Klassengegensätze vereinfacht

بورژوازی کے دور نے طبقاتی دشمنیوں کو آسان بنا دیا ہے

Die Gesellschaft als Ganzes spaltet sich mehr und mehr in zwei große feindliche Lager

مجموعی طور پر معاشره زیاده سے زیاده دو بڑے دشمن کیمپوں میں تقسیم ہوتا جا رہا ہے۔

zwei große soziale Klassen, die sich direkt gegenüberstehen: Bourgeoisie und Proletariat

دو عظیم سماجی طبقات براہ راست ایک دوسرے کے آمنے سامنے ہیں :بورژوازی اور پرولتاریہ

Aus den Leibeigenen des Mittelalters gingen die Bürger der ersten Städte hervor

قرون وسطیٰ کے سرداروں سے ابتدائی قصبوں کے چارٹرڈ برگر ابھرے۔

Aus diesen Bürgern entwickelten sich die ersten Elemente der Bourgeoisie

ان برجوں سے بورژوازی کے پہلے عناصر تیار ہوئے۔

Die Entdeckung Amerikas und die Umrundung des Kaps

امریکہ کی دریافت اور کیپ کا چکر لگانا

diese Ereignisse eröffneten der aufstrebenden Bourgeoisie neues Terrain

ان واقعات نے ابھرتی ہوئی بورژوازی کے لئے ایک نئی زمین کھول دی۔

Die ostindischen und chinesischen Märkte, die Kolonisierung Amerikas, der Handel mit den Kolonien

مشرقی ہند اور چینی منڈیاں، امریکہ کی نوآبادیات، کالونیوں کے ساتھ تجارت

die Vermehrung der Tauschmittel und der Waren überhaupt

تبادلے کے ذرائع اور عام طور پر اجناس میں اضافہ

Diese Ereignisse gaben dem Handel, der Schiffahrt und der Industrie einen nie gekannten Impuls

ان واقعات نے تجارت، نیوی گیشن اور صنعت کو ایک ایسا جذبہ دیا جو پہلے کبھی معلوم نہیں تھا۔

Sie gab dem revolutionären Element in der wankenden feudalen Gesellschaft eine rasche Entwicklung

اس نے جاگیردارانہ معاشرے میں انقلابی عنصر کو تیزی سے ترقی دی۔

Geschlossene Zünfte hatten das feudale System der industriellen Produktion monopolisiert

بند انجمنوں نے صنعتی پیداوار کے جاگیردارانہ نظام پر اجارہ داری قائم کر رکھی تھی۔

Doch das reichte den wachsenden Bedürfnissen der neuen Märkte nicht mehr aus

لیکن یہ اب نئی مارکیٹوں کی بڑھتی ہوئی ضروریات کے لئے کافی نہیں ہے

Das Manufaktursystem trat an die Stelle des feudalen Systems der Industrie

مینوفیکچرنگ سسٹم نے صنعت کے جاگیردارانہ نظام کی جگہ لے لی۔

Die Zunftmeister wurden vom produzierenden Bürgertum auf die Seite gedrängt

گلڈ ماسٹرز کو مینوفیکچرنگ مڈل کلاس نے ایک طرف دھکیل دیا

Die Arbeitsteilung zwischen den verschiedenen korporativen Innungen verschwand

مختلف کارپوریٹ انجمنوں کے درمیان مزدوروں کی تقسیم غائب ہو گئی

Die Arbeitsteilung durchdrang jede einzelne Werkstatt

مزدوروں کی تقسیم ہر ایک ورکشاپ میں داخل ہوئی

In der Zwischenzeit wuchsen die Märkte immer weiter und die Nachfrage stieg immer weiter

دریں اثنا، مارکیٹوں میں مسلسل اضافہ ہوتا رہا، اور مانگ میں مسلسل اضافہ ہوتا رہا

Selbst Fabriken reichten nicht mehr aus, um den Anforderungen gerecht zu werden

یہاں تک کہ فیکٹریاں بھی اب مطالبات کو پورا کرنے کے لئے کافی نہیں ہیں

Daraufhin revolutionierten Dampf und Maschinen die industrielle Produktion

اس کے بعد بھاپ اور مشینری نے صنعتی پیداوار میں انقلاب برپا کر دیا۔

An die Stelle der Manufaktur trat der Riese, die moderne Industrie

اس کی تیاری کی جگہ جدید صنعت نے لے لی تھی۔

An die Stelle des industriellen Mittelstandes traten industrielle Millionäre

صنعتی متوسط طبقے کی جگہ صنعتی کروڑ پتیوں نے لے لی

an die Stelle der Führer ganzer Industriearmeen trat die moderne Bourgeoisie

تمام صنعتی افواج کے رہنماؤں کی جگہ جدید بورژوازی نے لے لی۔

die Entdeckung Amerikas ebnete der modernen Industrie den Weg zur Etablierung des Weltmarktes

امریکہ کی دریافت نے جدید صنعت کے لئے عالمی مارکیٹ قائم کرنے کی راہ ہموار کی

Dieser Markt gab dem Handel, der Schifffahrt und der Kommunikation auf dem Landweg eine ungeheure Entwicklung

اس مارکیٹ نے تجارت، نیویگیشن اور زمینی راستے سے مواصلات کو بے پناہ ترقی دی۔

Diese Entwicklung hat seinerzeit auf die Ausdehnung der Industrie reagiert

اس پیش رفت نے، اپنے وقت میں، صنعت کی توسیع پر رد عمل ظاہر کیا ہے

Sie reagierte in dem Maße, wie sich die Industrie ausbreitete, und wie sich Handel, Schiffahrt und Eisenbahn ausdehnten

اس نے اس تناسب سے رد عمل ظاہر کیا کہ کس طرح صنعت کی توسیع ہوئی ، اور تجارت ، نیویگیشن اور ریلوے کو کس طرح بڑھایا گیا۔

in demselben Maße, in dem sich die Bourgeoisie entwickelte, vermehrte sie ihr Kapital

بورژوازی نے جس تناسب سے ترقی کی، اسی تناسب سے انہوں نے اپنے سرمائے میں اضافہ کیا۔

und das Bourgeoisie drängte jede aus dem Mittelalter überlieferte Klasse in den Hintergrund

اور بورژوازی کو اس پس منظر میں دھکیل دیا گیا جو قرون وسطیٰ سے ہر طبقے کو دیا گیا تھا۔

daher ist die moderne Bourgeoisie selbst das Produkt eines langen Entwicklungsganges

لہذا جدید بورژوازی بذات خود ترقی کے ایک طویل سفر کی پیداوار ہے۔

Wir sehen, dass es sich um eine Reihe von Revolutionen in der Produktions- und Tauschweise handelt

ہم دیکھتے ہیں کہ یہ پیداوار اور تبادلے کے طریقوں میں انقلابات کا ایک سلسلہ ہے

Jeder Schritt der Bourgeoisie Entwicklung ging mit einem entsprechenden politischen Fortschritt einher

ہر ترقیاتی بورژوازی قدم کے ساتھ اسی طرح کی سیاسی پیش رفت بھی ہوتی تھی۔

Eine unterdrückte Klasse unter der Herrschaft des feudalen Adels

جاگیردارانہ اشرافیہ کے زیر اثر ایک مظلوم طبقہ

ein bewaffneter und selbstverwalteter Verein in der mittelalterlichen Kommune

میڈیاویل کمیون میں ایک مسلح اور خود مختار ایسوسی ایشن

hier eine unabhängige Stadtrepublik (wie in Italien und Deutschland)

یہاں، ایک آزاد شہری جمہوریہ)جیسا کہ اٹلی اور جرمنی میں(

dort ein steuerpflichtiger "dritter Stand" der Monarchie (wie in Frankreich)

وہاں ، بادشاہت کی ایک قابل ٹیکس "تیسری جائیداد")جیسا کہ فرانس میں(

Danach, in der Zeit der eigentlichen Herstellung

اس کے بعد، مناسب تیاری کی مدت میں

die Bourgeoisie diente entweder der halbfeudalen oder der absoluten Monarchie

بورژوازی نے یا تو نیم جاگیردارانہ یا مطلق بادشاہت کی خدمت کی۔

oder die Bourgeoisie fungierte als Gegengewicht zum Adel

یا بورژوازی نے اشرافیہ کے خلاف جوابی کارروائی کے طور پر کام کیا۔

und in der Tat war die Bourgeoisie ein Eckpfeiler der großen Monarchien überhaupt

اور درحقیقت بورژوازی عام طور پر عظیم بادشاہتوں کا ایک کونے کا پتھر تھا۔

aber die moderne Industrie und der Weltmarkt haben sich seitdem etabliert

لیکن اس کے بعد سے جدید صنعت اور عالمی مارکیٹ نے خود کو قائم کیا۔

und die Bourgeoisie hat sich die ausschließliche politische Herrschaft erobert

اور بورژوازی نے اپنے لیے مخصوص سیاسی غلبہ حاصل کر لیا ہے۔

sie erreichte diese politische Herrschaft durch den modernen repräsentativen Staat

اس نے جدید نمائندہ ریاست کے ذریعے یہ سیاسی غلبہ حاصل کیا۔

Die Exekutive des modernen Staates ist nichts anderes als ein Verwaltungskomitee

جدید ریاست کے ایگزیکٹوز صرف ایک انتظامی کمیٹی ہیں

und sie leiten die gemeinsamen Angelegenheiten der gesamten Bourgeoisie

اور وہ پورے بورژوازی کے مشترکہ معاملات کا انتظام کرتے ہیں۔

Die Bourgeoisie hat historisch gesehen eine höchst revolutionäre Rolle gespielt

بورژوازی نے تاریخی طور پر سب سے زیادہ انقلابی کردار ادا کیا ہے۔

Wo immer sie die Oberhand gewann, machte sie allen feudalen, patriarchalischen und idyllischen Verhältnissen ein Ende

جہاں کہیں بھی اسے بالادستی حاصل ہوئی، اس نے تمام جاگیردارانہ، پدرشاہی اور مکروہ تعلقات کا خاتمہ کر دیا۔

Sie hat erbarmungslos die bunten feudalen Bande zerrissen, die den Menschen an seine "natürlichen Vorgesetzten" banden

اس نے ان جاگیردارانہ رشتوں کو بری طرح توڑ دیا ہے جو انسان کو اس کے "فطری بزرگوں "سے باندھتے ہیں۔

Und es ist kein Nexus zwischen Mensch und Mensch übrig geblieben, außer nacktem Eigeninteresse

اور اس نے ننگے ذاتی مفادات کے علاوہ انسان اور انسان کے درمیان کوئی گٹھ جوڑ نہیں چھوڑا ہے۔

Die Beziehungen der Menschen zueinander sind zu nichts anderem geworden als zu einer gefühllosen "Geldzahlung"

انسان کے ایک دوسرے کے ساتھ تعلقات بے رحمی "نقد ادائیگی "سے زیادہ کچھ نہیں بن گئے ہیں۔

Sie hat die himmlischsten Ekstasen religiöser Inbrunst ertränkt

اس نے مذہبی جوش و خروش کے سب سے زیادہ آسمانی جوش و خروش کو غرق کر دیا ہے۔

sie hat ritterlichen Enthusiasmus und philiströsen Sentimentalismus übertönt

اس نے شائستہ جوش و خروش اور فلسفیانہ جذباتیت کو غرق کر دیا ہے۔

Sie hat diese Dinge im eisigen Wasser des egoistischen Kalküls ertränkt

اس نے ان چیزوں کو مغرور حساب کے برفیلے پانی میں غرق کر دیا ہے

Sie hat den persönlichen Wert in Tauschwert aufgelöst

اس نے ذاتی قدر کو قابل تبادلہ قدر میں حل کیا ہے

Sie hat die zahllosen und unveräußerlichen verbrieften Freiheiten ersetzt

اس نے بے شمار اور ناقابل تسخیر چارٹرڈ آزادیوں کی جگہ لے لی ہے۔

und sie hat eine einzige, skrupellose Freiheit geschaffen; Freihandel

اور اس نے ایک واحد، ناقابل تسخیر آزادی قائم کی ہے۔ آزاد تجارت

Mit einem Wort, sie hat dies für die Ausbeutung getan

ایک لفظ میں، اس نے استحصال کے لئے ایسا کیا ہے

Ausbeutung, verschleiert durch religiöse und politische Illusionen

استحصال مذہبی اور سیاسی غلط فہمیوں سے ڈھکا ہوا ہے

Ausbeutung verschleiert durch nackte, schamlose, direkte, brutale Ausbeutung

ننگے، بے شرم، براہ راست، سفاکانہ استحصال سے ڈھکا ہوا استحصال

die Bourgeoisie hat den Heiligenschein von jedem zuvor geehrten und verehrten Beruf abgestreift

بورژوازی نے پہلے سے ہر قابل احترام اور قابل احترام پیشے سے ہالہ کو چھین لیا ہے۔

der Arzt, der Advokat, der Priester, der Dichter und der Mann der Wissenschaft

طبیب، وکیل، پادری، شاعر اور سائنس کا آدمی

Sie hat diese ausgezeichneten Arbeiter in ihre bezahlten Lohnarbeiter verwandelt

اس نے ان ممتاز مزدوروں کو اپنے اجرت والے مزدوروں میں تبدیل کر دیا ہے۔

Die Bourgeoisie hat der Familie den sentimentalen Schleier weggerissen

بورژوازی نے خاندان سے جذباتی پردے کو توڑ دیا ہے

Und sie hat das Familienverhältnis auf ein bloßes Geldverhältnis reduziert

اور اس نے خاندانی تعلقات کو محض پیسے کے رشتے تک محدود کر دیا ہے۔

die brutale Zurschaustellung der Kraft im Mittelalter, die die Reaktionäre so sehr bewundern

قرون وسطیٰ میں جوش و خروش کا وحشیانہ مظاہرہ جس کی رجعت پسند بہت تعریف کرتے ہیں

Auch diese fand ihre passende Ergänzung in der trägesten Trägheit

یہاں تک کہ اس نے بھی انتہائی سست روی میں اپنی مناسب تکمیل پائی۔

Die Bourgeoisie hat enthüllt, wie es dazu gekommen ist

بورژوازی نے انکشاف کیا ہے کہ یہ سب کیسے ہوا

Die Bourgeoisie war die erste, die gezeigt hat, was die Tätigkeit des Menschen bewirken kann

بورژوازی سب سے پہلے یہ دکھانے والی ہے کہ انسان کی سرگرمی کیا لا سکتی ہے۔

Sie hat Wunder vollbracht, die ägyptische Pyramiden, römische Aquädukte und gotische Kathedralen bei weitem übertreffen

اس نے اہرام مصر، رومی آبی گزرگاہوں اور گوتھک گرجا گھروں کو پیچھے چھوڑتے ہوئے حیرت انگیز کامیابیاں حاصل کی ہیں۔

und sie hat Expeditionen durchgeführt, die alle früheren Auszüge von Nationen und Kreuzzügen in den Schatten stellten

اور اس نے مہمات کا انعقاد کیا ہے جس نے تمام سابقہ قوموں اور صلیبی جنگوں کو سائے میں ڈال دیا ہے۔

Die Bourgeoisie kann nicht existieren, ohne die Produktionsmittel ständig zu revolutionieren

بورژوازی پیداوار کے آلات میں مسلسل انقلاب برپا کیے بغیر وجود نہیں رکھ سکتی۔

und damit kann sie nicht ohne ihre Beziehungen zur
Produktion existieren

اور اس طرح یہ پیداوار کے ساتھ اپنے تعلقات کے بغیر وجود نہیں
رکھ سکتا

und deshalb kann sie nicht ohne ihre Beziehungen zur
Gesellschaft existieren

اور اس لئے یہ معاشرے کے ساتھ اپنے تعلقات کے بغیر وجود میں نہیں
آ سکتا۔

Alle früheren Industrieklassen hatten eine Bedingung
gemeinsam

تمام سابقہ صنعتی طبقات میں ایک ہی شرط مشترک تھی۔

Sie setzten auf die Bewahrung der alten Produktionsweisen

انہوں نے پیداوار کے پرانے طریقوں کے تحفظ پر انحصار کیا

aber die Bourgeoisie brachte eine völlig neue Dynamik mit
sich

لیکن بورژوازی اپنے ساتھ ایک بالکل نئی تحریک لے کر آئی۔

Ständige Revolutionierung der Produktion und
ununterbrochene Störung aller gesellschaftlichen
Verhältnisse

پیداوار میں مسلسل انقلاب اور تمام معاشرتی حالات میں بلا تعطل خلل

diese immerwährende Unsicherheit und Unruhe
unterscheidet die Epoche der Bourgeoisie von allen früheren

یہ دائمی بے یقینی اور تحریک بورژوازی دور کو پہلے کے تمام ادوار
سے ممتاز کرتی ہے۔

Die bisherigen Beziehungen zur Produktion waren mit alten
und ehrwürdigen Vorurteilen und Meinungen verbunden

پیداوار کے ساتھ سابقہ تعلقات قدیم اور قابل احترام تعصبات اور آراء
کے ساتھ آئے تھے۔

Aber all diese festgefahrenen, eingefrorenen Beziehungen
werden hinweggefegt

لیکن یہ تمام طے شدہ، تیزی سے منجمد ہونے والے تعلقات بہہ گئے
ہیں۔

Alle neu gebildeten Verhältnisse werden antiquiert, bevor
sie erstarren können

تمام نئے تشکیل شدہ تعلقات اس سے پہلے ہی پرانے ہو جاتے ہیں کہ
وہ ختم ہو جائیں۔

Alles, was fest ist, zerschmilzt in Luft, und alles, was heilig ist, wird entweiht

جو کچھ ٹھوس ہے وہ ہوا میں پگھل جاتا ہے، اور جو کچھ مقدس ہے وہ ناپاک ہو جاتا ہے

Der Mensch ist endlich gezwungen, mit nüchternen Sinnen seinen wirklichen Lebensbedingungen ins Auge zu sehen

انسان آخر کار اپنی زندگی کے حقیقی حالات، پرسکون حواس کا سامنا کرنے پر مجبور ہے

und er ist gezwungen, sich seinen Beziehungen zu seinesgleichen zu stellen

اور وہ اپنی قسم کے ساتھ اپنے تعلقات کا سامنا کرنے پر مجبور ہے

Die Bourgeoisie muss ständig ihre Märkte für ihre Produkte erweitern

بورژوازی کو مسلسل اپنی مصنوعات کے لئے اپنی منڈیوں کو وسعت دینے کی ضرورت ہے

und deshalb wird die Bourgeoisie über die ganze Erdoberfläche gejagt

اور، اس کی وجہ سے، بورژوازی کو دنیا کی پوری سطح پر پیچھا کیا جاتا ہے.

Die Bourgeoisie muss sich überall einnisten, sich überall niederlassen, überall Verbindungen herstellen

بورژوازی کو ہر جگہ آباد ہونا چاہیے، ہر جگہ آباد ہونا چاہیے، ہر جگہ رابطے قائم کرنے چاہئیں۔

Die Bourgeoisie muss in jedem Winkel der Welt Märkte schaffen, um sie auszubeuten

بورژوازی کو استحصال کے لئے دنیا کے ہر کونے میں بازار بنانا ہوں گے

Die Produktion und der Konsum in jedem Land haben einen kosmopolitischen Charakter erhalten

ہر ملک میں پیداوار اور کھپت کو ایک عالمگیر کردار دیا گیا ہے۔

der Verdruss der Reaktionäre ist mit Händen zu greifen, aber er hat sich trotzdem fortgesetzt

رجعت پسندوں کا غصہ واضح ہے، لیکن اس کی پرواہ کیے بغیر یہ جاری رہا ہے۔

Die Bourgeoisie hat der Industrie den nationalen Boden, auf dem sie stand, unter den Füßen weggezogen

بورژوازی نے صنعت کے پیروں تلے سے وہ قومی زمین کھینچ لی ہے جس پر وہ کھڑی تھی۔

Alle alteingesessenen nationalen Industrien sind zerstört worden oder werden täglich zerstört

تمام پرانی قائم قومی صنعتیں تباہ ہو چکی ہیں، یا روزانہ تباہ ہو رہی ہیں

Alle alteingesessenen nationalen Industrien werden durch neue Industrien verdrängt

تمام پرانی قائم شدہ قومی صنعتیں نئی صنعتوں کے ذریعہ ختم ہو جاتی ہیں۔

Ihre Einführung wird zu einer Frage von Leben und Tod für alle zivilisierten Völker

ان کا تعارف تمام مہذب قوموں کے لئے زندگی اور موت کا سوال بن جاتا ہے۔

Sie werden von Industrien verdrängt, die keine heimischen Rohstoffe mehr verarbeiten

انہیں ان صنعتوں کی وجہ سے بے دخل کر دیا جاتا ہے جو اب دیسی خام مال پر کام نہیں کرتی ہیں۔

Stattdessen beziehen diese Industrien Rohstoffe aus den entlegensten Zonen

اس کے بجائے، یہ صنعتیں دور دراز علاقوں سے خام مال کھینچتی ہیں

Industrien, deren Produkte nicht nur zu Hause, sondern in allen Teilen der Welt konsumiert werden

ایسی صنعتیں جن کی مصنوعات نہ صرف گھر پر بلکہ دنیا کے ہر چوتھائی میں استعمال کی جاتی ہیں۔

An die Stelle der alten Bedürfnisse, die durch die Erzeugnisse des Landes befriedigt werden, treten neue Bedürfnisse

پرانی خواہشات کی جگہ، ملک کی پیداوار سے مطمئن، ہم نئی ضروریات تلاش کرتے ہیں

Diese neuen Bedürfnisse bedürfen zu ihrer Befriedigung der Produkte aus fernen Ländern und Klimazonen

ان نئی خواہشات کو ان کی تسکین کے لئے دور دراز کے علاقوں اور گلیوں کی مصنوعات کی ضرورت ہوتی ہے۔

An die Stelle der alten lokalen und nationalen
Abgeschiedenheit und Selbstversorgung tritt der Handel

پرانی مقامی اور قومی تنہائی اور خود کفالت کی جگہ ہمارے پاس تجارت ہے۔

internationaler Austausch in alle Richtungen; universelle
Interdependenz der Nationen

ہر سمت میں بین الاقوامی تبادلہ؛ قوموں کا عالمگیر انحصار

Und so wie wir von Materialien abhängig sind, so sind wir
von der intellektuellen Produktion abhängig

اور جس طرح ہم مواد پر انحصار کرتے ہیں، اسی طرح ہم فکری پیداوار پر منحصر ہیں۔

Die geistigen Schöpfungen der einzelnen Nationen werden
zum Gemeingut

انفرادی قوموں کی فکری تخلیقات مشترکہ ملکیت بن جاتی ہیں۔

Nationale Einseitigkeit und Engstirnigkeit werden immer
unmöglicher

قومی یک طرفہ اور تنگ نظری زیادہ سے زیادہ ناممکن ہوتی جا رہی ہے۔

Und aus den zahlreichen nationalen und lokalen Literaturen
entsteht eine Weltliteratur

اور بے شمار قومی اور مقامی ادب سے ایک عالمی ادب پیدا ہوتا ہے۔

durch die rasche Verbesserung aller Produktionsmittel

پیداوار کے تمام آلات کی تیزی سے بہتری کے ذریعہ

durch die immens erleichterten Kommunikationsmittel

مواصلات کے انتہائی آسان ذرائع کے ذریعہ

Die Bourgeoisie zieht alle (auch die barbarischsten
Nationen) in die Zivilisation hinein

بورژوازی تمام)یہاں تک کم سب سے زیادہ وحشی قوموں (کو تہذیب کی طرف راغب کرتی ہے

Die billigen Preise seiner Waren; die schwere Artillerie, die
alle chinesischen Mauern niederreißt

اس کی اجناس کی سستی قیمتیں؛ بھاری توپ خانے جو تمام چینی دیواروں کو منہدم کرتے ہیں

Der hartnäckige Fremdenhass der Barbaren wird zur
Kapitulation gezwungen

وحشیوں کی غیر ملکیوں سے شدید نفرت کو ہتھیار ڈالنے پر مجبور کیا
جاتا ہے

**Sie zwingt alle Nationen, unter Androhung des
Aussterbens, die Bourgeoisie Produktionsweise
anzunehmen**

یہ معدومیت کے درد سے دوچار تمام اقوام کو بورژوازی طرز پیداوار
اپنانے پر مجبور کرتا ہے۔

**Sie zwingt sie, das, was sie Zivilisation nennt, in ihre Mitte
einzuführen**

یہ انہیں مجبور کرتا ہے کہ وہ اپنے درمیان تہذیب کو متعارف کرائیں
جسے وہ تہذیب کہتا ہے۔

**Die Bourgeoisie zwingt die Barbaren, selbst zur Bourgeoisie
zu werden**

بورژوازی وحشیوں کو خود بورژوازی بننے پر مجبور کرتی ہے

**mit einem Wort, die Bourgeoisie schafft sich eine Welt nach
ihrem Bilde**

ایک لفظ میں، بورژوازی اپنی شبیہ کے بعد ایک دنیا تخلیق کرتا ہے

**Die Bourgeoisie hat das Land der Herrschaft der Städte
unterworfen**

بورژوازی نے دیہی علاقوں کو قصبوں کی حکمرانی کے تابع کر دیا
ہے۔

**Sie hat riesige Städte geschaffen und die Stadtbevölkerung
stark vergrößert**

اس نے بہت بڑے شہر بنائے ہیں اور شہری آبادی میں بہت زیادہ اضافہ
کیا ہے۔

**Sie rettete einen beträchtlichen Teil der Bevölkerung vor der
Idiotie des Landlebens**

اس نے آبادی کے ایک بڑے حصے کو دیہی زندگی کی بدحالی سے
بچایا۔

**Aber sie hat die Menschen auf dem Lande von den Städten
abhängig gemacht**

لیکن اس نے دیہی علاقوں کے لوگوں کو قصبوں پر منحصر کر دیا
ہے۔

**Und ebenso hat sie die barbarischen Länder von den
zivilisierten abhängig gemacht**

اور اسی طرح اس نے وحشی ممالک کو مہذب ممالک پر منحصر کر دیا ہے۔

Bauernnationen gegen Völker der Bourgeoisie, Osten gegen Westen

بورژوازی کی قوموں پر کسانوں کی قومیں، مغرب پر مشرق

Die Bourgeoisie beseitigt den zerstreuten Zustand der Bevölkerung mehr und mehr

بورژوازی آبادی کی بکھری ہوئی حالت کو زیادہ سے زیادہ ختم کرتی ہے

Sie hat die Produktion agglomeriert und das Eigentum in wenigen Händen konzentriert

اس کی پیداوار میں اضافہ ہوا ہے ، اور اس نے چند ہاتھوں میں خصوصیات مرکوز کی ہیں۔

Die notwendige Konsequenz daraus war eine politische Zentralisierung

اس کا لازمی نتیجہ سیاسی مرکزیت تھا۔

Es gab unabhängige Nationen und lose miteinander verbundene Provinzen

آزاد قومیں تھیں اور صوبے آپس میں جڑے ہوئے تھے۔

Sie hatten getrennte Interessen, Gesetze, Regierungen und Steuersysteme

ان کے الگ الگ مفادات، قوانین، حکومتیں اور ٹیکس وں کا نظام تھا۔

Aber sie sind zu einer Nation zusammengeschmolzen, mit einer Regierung

لیکن وہ ایک قوم میں ضم ہو گئے ہیں، ایک ہی حکومت کے ساتھ

Sie haben jetzt ein nationales Klasseninteresse, eine Grenze und einen Zolltarif

اب ان کے پاس ایک قومی طبقاتی مفاد، ایک فرنٹیئر اور ایک کسٹم ٹیرف ہے۔

Und dieses nationale Klasseninteresse ist unter einem Gesetzbuch vereinigt

اور یہ قومی طبقاتی مفاد ایک ضابطہ قانون کے تحت متحد ہے۔

die Bourgeoisie hat während ihrer knapp hundertjährigen Herrschaft viel erreicht

بورژوازی نے اپنے سو سال کے دور حکومت میں بہت کچھ حاصل کیا ہے۔

massivere und kolossalere Produktivkräfte als alle
vorhergehenden Generationen zusammen

پچھلی تمام نسلوں کے مقابلے میں زیادہ بڑی اور زبردست پیداواری
قوتیں

Die Kräfte der Natur sind dem Willen des Menschen und
seiner Maschinerie unterworfen

قدرت کی قوتیں انسان اور اس کی مشینری کی مرضی کے تابع ہیں۔

Die Chemie wird auf alle Industrieformen und
Landwirtschaftsformen angewendet

کیمیاء کا اطلاق صنعت کی تمام اقسام اور زراعت کی اقسام پر ہوتا
ہے۔

Dampfschiffahrt, Eisenbahnen, elektrische Telegraphen und
die Druckerpresse

بھاپ نیویگیشن، ریلوے، برقی ٹیلی گراف، اور پرنٹنگ پریس

Rodung ganzer Kontinente für den Anbau, Kanalisierung
von Flüssen

کاشت کاری کے لئے پورے براعظموں کو صاف کرنا، دریاؤں کی نہر
بندی

ganze Populationen wurden aus dem Boden gezaubert und
an die Arbeit gebracht

پوری آبادی کو زمین سے نکال کر کام پر لگا دیا گیا ہے۔

Welches frühere Jahrhundert hatte auch nur eine Ahnung
von dem, was entfesselt werden könnte?

پچھلی صدی میں کیا کچھ پیش کیا جا سکتا تھا؟

Wer hat vorausgesagt, dass solche Produktivkräfte im Schoß
der gesellschaftlichen Arbeit schlummern?

کس نے پیش گوئی کی تھی کہ ایسی پیداواری قوتیں سماجی محنت کی
گود میں سو رہی ہیں؟

Wir sehen also, daß die Produktions- und Tauschmittel in
der feudalen Gesellschaft erzeugt wurden

پھر ہم دیکھتے ہیں کہ جاگیردارانہ معاشرے میں پیداوار اور تبادلے
کے ذرائع پیدا ہوئے۔

die Produktionsmittel, auf deren Grundlage sich die
Bourgeoisie aufbaute

پیداوار کے وہ ذرائع جن کی بنیاد پر بورژوازی نے خود کو قائم کیا

Auf einer bestimmten Stufe der Entwicklung dieser Produktions- und Tauschmittel

پیداوار اور تبادلے کے ان ذرائع کی ترقی میں ایک خاص مرحلے پر

die Bedingungen, unter denen die feudale Gesellschaft produzierte und tauschte

وہ حالات جن کے تحت جاگیردارانہ معاشرے نے جنم لیا اور تبادلہ کیا۔

Die feudale Organisation der Landwirtschaft und des verarbeitenden Gewerbes

زراعت اور مینوفیکچرنگ کی صنعت کی جاگیردارانہ تنظیم

Die feudalen Eigentumsverhältnisse waren mit den materiellen Verhältnissen nicht mehr vereinbar

جائیداد کے جاگیردارانہ تعلقات اب مادی حالات سے مطابقت نہیں رکھتے تھے۔

Sie mussten gesprengt werden, also wurden sie auseinandergesprengt

انہیں پھٹنا پڑا، اس لیے وہ پھٹ گئے۔

An ihre Stelle trat die freie Konkurrenz der Produktivkräfte

ان کی جگہ پیداواری قوتوں سے آزادانہ مقابلہ کیا۔

Und sie wurden von einer ihr angepassten sozialen und politischen Verfassung begleitet

اور ان کے ساتھ ایک سماجی اور سیاسی آئین بھی تھا جو اس کے مطابق بنایا گیا تھا۔

und sie wurde begleitet von der ökonomischen und politischen Herrschaft der Bourgeoisie Klasse

اور اس کے ساتھ بورژوازی طبقے کا معاشی اور سیاسی اثر و رسوخ بھی تھا۔

Eine ähnliche Bewegung vollzieht sich vor unseren eigenen Augen

اسی طرح کی ایک تحریک ہماری اپنی آنکھوں کے سامنے چل رہی ہے۔

Die moderne Bourgeoisie Gesellschaft mit ihren Produktions-, Tausch- und Eigentumsverhältnissen

جدید بورژوازی معاشرہ پیداوار، تبادلے اور جائیداد کے تعلقات کے ساتھ

eine Gesellschaft, die so gigantische Produktions- und Tauschmittel heraufbeschworen hat

ایک ایسا معاشرہ جس نے پیداوار اور تبادلے کے اتنے بڑے ذرائع پیدا کیے ہیں

Es ist wie der Zauberer, der die Mächte der Unterwelt heraufbeschworen hat

یہ اس جادوگر کی طرح ہے جس نے دنیا کی طاقتوں کو پکارا۔

Aber er ist nicht mehr in der Lage, zu kontrollieren, was er in die Welt gebracht hat

لیکن وہ اب اس بات کو کنٹرول کرنے کے قابل نہیں ہے کہ وہ دنیا میں کیا لایا ہے

Viele Jahrzehnte lang war die vergangene Geschichte durch einen roten Faden miteinander verbunden

پچھلی کئی دہائیوں سے تاریخ ایک مشترکہ دھاگے سے جڑی ہوئی تھی۔

Die Geschichte der Industrie und des Handels ist nichts anderes als die Geschichte der Revolten

صنعت و تجارت کی تاریخ صرف بغاوتوں کی تاریخ رہی ہے۔

die Revolten der modernen Produktivkräfte gegen die modernen Produktionsbedingungen

پیداوار کے جدید حالات کے خلاف جدید پیداواری قوتوں کی بغاوتیں

die Revolten der modernen Produktivkräfte gegen die Eigentumsverhältnisse

جائیداد کے تعلقات کے خلاف جدید پیداواری قوتوں کی بغاوتیں

diese Eigentumsverhältnisse sind die Bedingungen für die Existenz der Bourgeoisie

یہ جائیداد کے تعلقات بورژوازی کے وجود کی شرائط ہیں۔

und die Existenz der Bourgeoisie bestimmt die Regeln der Eigentumsverhältnisse

اور بورژوازی کا وجود جائیداد کے تعلقات کے قواعد کا تعین کرتا ہے

Es genügt, die periodische Wiederkehr von Handelskrisen zu erwähnen

تجارتی بحرانوں کی وقتا فوقتا واپسی کا ذکر کرنا کافی ہے

jede Handelskrise ist für die Bourgeoisie Gesellschaft bedrohlicher als die letzte

ہر تجارتی بحران بورژوازی معاشرے کے لئے پچھلے کے مقابلے میں زیادہ خطرہ ہے

In diesen Krisen wird ein großer Teil der bestehenden
Produkte vernichtet

ان بحرانوں میں موجودہ مصنوعات کا ایک بڑا حصہ تباہ ہو جاتا ہے۔

Diese Krisen zerstören aber auch die zuvor geschaffenen
Produktivkräfte

لیکن یہ بحران پہلے سے پیدا ہونے والی پیداواری قوتوں کو بھی تباہ
کر دیتے ہیں۔

In allen früheren Epochen wären diese Epidemien als
Absurdität erschienen

پہلے کے تمام ادوار میں یہ وبائی امراض ایک مضحکہ خیز بات معلوم
ہوتی تھیں۔

denn diese Epidemien sind die kommerziellen Krisen der
Überproduktion

کیونکہ یہ وبائی امراض زیادہ پیداوار کے تجارتی بحران ہیں۔

Die Gesellschaft befindet sich plötzlich wieder in einem
Zustand der momentanen Barbarei

معاشرہ اچانک خود کو عارضی بربریت کی حالت میں واپس پاتا ہے

als ob ein allgemeiner Verwüstungskrieg jede Möglichkeit
des Lebensunterhalts abgeschnitten hätte

گویا تباہی کی عالمگیر جنگ نے گزر بسر کے تمام ذرائع کو منقطع کر
دیا ہو۔

Industrie und Handel scheinen zerstört worden zu sein; Und
warum?

ایسا لگتا ہے کہ صنعت اور تجارت تباہ ہو چکے ہیں۔ اور کیوں؟

Weil es zu viel Zivilisation und Subsistenzmittel gibt

کیونکہ وہاں بہت زیادہ تہذیب اور گزر بسر کے ذرائع موجود ہیں۔

Und weil es zu viel Industrie und zu viel Handel gibt

اور کیونکہ وہاں بہت زیادہ صنعت ہے، اور بہت زیادہ تجارت ہے

Die Produktivkräfte, die der Gesellschaft zur Verfügung
stehen, entwickeln nicht mehr das Bourgeoisie Eigentum

معاشرے کے زیر اثر پیداواری قوتیں اب بورژوازی کی ملکیت کو
ترقی نہیں دیتی ہیں

im Gegenteil, sie sind zu mächtig geworden für diese
Verhältnisse, durch die sie gefesselt sind

اس کے برعکس، وہ ان حالات کے لئے بہت طاقتور ہو گئے ہیں، جس
کی وجہ سے وہ کمزور ہیں۔

sobald sie diese Fesseln überwunden haben, bringen sie
Unordnung in die ganze Bourgeoisie Gesellschaft

جیسے ہی وہ ان فتنوں پر قابو پاتے ہیں، وہ پورے بورژوازی معاشرے
میں بدنظمی لاتے ہیں۔

und die Produktivkräfte gefährden die Existenz des
Bourgeoisie Eigentums

اور پیداواری قوتیں بورژوازی کی جائیداد کے وجود کو خطرے میں
ڈالتی ہیں۔

Die Bedingungen der Bourgeoisie Gesellschaft sind zu eng,
um den von ihnen geschaffenen Reichtum zu erfassen

بورژوازی معاشرے کے حالات اتنے تنگ ہیں کہ ان کے ذریعہ پیدا
کردہ دولت پر مشتمل نہیں ہیں۔

Und wie überwindet die Bourgeoisie diese Krisen?

اور بورژوازی ان بحرانوں پر کیسے قابو پاتی ہے؟

Einerseits überwindet sie diese Krisen durch die
erzwungene Vernichtung einer Masse von Produktivkräften

ایک طرف، یہ پیداواری قوتوں کی ایک بڑی تعداد کی جبری تباہی کے
ذریعے ان بحرانوں پر قابو پاتا ہے۔

Andererseits überwindet sie diese Krisen durch die
Eroberung neuer Märkte

دوسری طرف ، یہ نئی منڈیوں کی فتح کے ذریعہ ان بحرانوں پر قابو
پاتا ہے۔

Und sie überwindet diese Krisen durch die gründlichere
Ausbeutung der alten Produktivkräfte

اور یہ پیداوار کی پرانی قوتوں کے زیادہ مکمل استحصال کے ذریعے
ان بحرانوں پر قابو پاتا ہے۔

Das heißt, indem sie den Weg für umfangreichere und
zerstörerischere Krisen ebnen

کہنے کا مطلب یہ ہے کہ زیادہ وسیع اور زیادہ تباہ کن بحرانوں کی راہ
ہموار کرکے

Sie überwindet die Krise, indem sie die Mittel zur
Krisenprävention einschränkt

یہ ان ذرائع کو کم کرکے بحران پر قابو پاتا ہے جن سے بحرانوں کو
روکا جاتا ہے۔

Die Waffen, mit denen die Bourgeoisie den Feudalismus zu
Fall brachte, sind jetzt gegen sich selbst gerichtet

بورژوازی نے جن ہتھیاروں سے جاگیرداری کو زمین پر گرایا وہ اب اپنے خلاف ہو چکے ہیں۔

Aber die Bourgeoisie hat nicht nur die Waffen geschmiedet, die sich selbst den Tod bringen

لیکن بورژوازی نے نہ صرف ایسے ہتھیار تیار کیے ہیں جو خود موت کا باعث بنتے ہیں۔

Sie hat auch die Männer ins Leben gerufen, die diese Waffen führen sollen

اس نے ان لوگوں کو بھی وجود میں لایا ہے جو ان ہتھیاروں کو چلانے والے ہیں

Und diese Männer sind die moderne Arbeiterklasse; Sie sind die Proletarier

اور یہ لوگ جدید محنت کش طبقہ ہیں۔ وہ پرولتاریہ ہیں

In dem Maße, wie die Bourgeoisie entwickelt ist, entwickelt sich auch das Proletariat

جس تناسب سے بورژوازی کی ترقی ہوئی، اسی تناسب سے پرولتاریہ ترقی یافتہ ہے۔

Die moderne Arbeiterklasse entwickelte eine Klasse von Arbeitern

جدید محنت کش طبقے نے مزدوروں کا ایک طبقہ تیار کیا۔

Diese Klasse von Arbeitern lebt nur so lange, wie sie Arbeit findet

مزدوروں کا یہ طبقہ صرف اس وقت تک زندہ رہتا ہے جب تک انہیں کام مل جاتا ہے

Und sie finden nur so lange Arbeit, wie ihre Arbeit das Kapital vermehrt

اور انہیں صرف اس وقت تک کام ملتا ہے جب تک کہ ان کی محنت سے سرمائے میں اضافہ ہوتا ہے۔

Diese Arbeiter, die sich stückweise verkaufen müssen, sind eine Ware

یہ مزدور، جنہیں اپنے آپ کو کھانے کا ٹکڑا بیچنا پڑتا ہے، ایک اجناس ہیں

Diese Arbeiter sind wie jeder andere Handelsartikel

یہ مزدور تجارت کے ہر دوسرے مضمون کی طرح ہیں

und sie sind folglich allen Wechselfällen des Wettbewerbs ausgesetzt

اور اس کے نتیجے میں وہ مسابقت کے تمام اتار چڑھاؤ کا سامنا کرتے ہیں۔

Sie müssen alle Schwankungen des Marktes überstehen

انہیں مارکیٹ کے تمام اتار چڑھاؤ کا سامنا کرنا پڑتا ہے

Aufgrund des umfangreichen Maschineneinsatzes und der Arbeitsteilung

مشینری کے وسیع استعمال اور مزدوروں کی تقسیم کی وجہ سے

Die Arbeit der Proletarier hat jeden individuellen Charakter verloren

پرولتاریوں کا کام تمام انفرادی کردار کھو چکا ہے

Und folglich hat die Arbeit der Proletarier für den Arbeiter jeden Reiz verloren

اور نتیجتا، محنت کشوں کا کام مزدور کے لیے تمام کشش کھو چکا ہے۔

Er wird zu einem Anhängsel der Maschine und nicht mehr zu dem Mann, der er einmal war

وہ مشین کا ایک حصہ بن جاتا ہے، بجائے اس کے کہ وہ پہلے تھا

Nur das einfachste, eintönigste und am leichtesten zu erwerbende Geschick wird von ihm verlangt

اس کے لئے صرف سب سے زیادہ سادہ، یکساں، اور سب سے زیادہ آسانی سے حاصل کردہ ہنر کی ضرورت ہے

Daher sind die Produktionskosten eines Arbeiters begrenzt

لہذا، ایک مزدور کی پیداوار کی لاگت محدود ہے۔

sie beschränkt sich fast ausschließlich auf die Mittel zur Bestreitung des Lebensunterhalts, die er zu seinem Unterhalt benötigt

یہ تقریبا مکمل طور پر گزر بسر کے ذرائع تک محدود ہے جو اسے اپنی دیکھ بھال کے لئے درکار ہے۔

und sie beschränkt sich auf die Subsistenzmittel, die er zur Fortpflanzung seiner Rasse benötigt

اور یہ رزق کے ذرائع تک محدود ہے جو اسے اپنی نسل کی تبلیغ کے لئے درکار ہیں۔

Aber der Preis einer Ware, also auch der Arbeit, ist gleich ihren Produktionskosten

لیکن کسی شے کی قیمت، اور اس لئے محنت کی قیمت بھی، اس کی پیداواری لاگت کے برابر ہے۔

In dem Maße also, wie die Widerwärtigkeit der Arbeit zunimmt, sinkt der Lohn

لہذا، اس تناسب سے، جیسے جیسے کام کی نفرت بڑھتی ہے، اجرت کم ہوتی جاتی ہے۔

Ja, die Widerwärtigkeit seiner Arbeit nimmt sogar noch mehr zu

نہیں، اس کے کام کی نفرت اس سے بھی زیادہ شرح سے بڑھتی ہے۔

In dem Maße, wie der Einsatz von Maschinen und die Arbeitsteilung zunehmen, steigt auch die Last der Arbeit

جیسے جیسے مشینری کا استعمال اور مزدوروں کی تقسیم میں اضافہ ہوتا جاتا ہے، اسی طرح محنت کا بوجھ بھی بڑھتا جاتا ہے۔

Die Arbeitsbelastung wird durch die Verlängerung der Arbeitszeit erhöht

کام کے اوقات میں اضافے سے محنت کا بوجھ بڑھ جاتا ہے

Dem Arbeiter wird in der gleichen Zeit mehr zugemutet als zuvor

مزدور سے پہلے کی طرح ایک ہی وقت میں مزید توقع کی جاتی ہے

Und natürlich wird die Last der Arbeit durch die Geschwindigkeit der Maschinerie erhöht

اور یقینا مشینری کی رفتار سے محنت کا بوجھ بڑھ جاتا ہے

Die moderne Industrie hat die kleine Werkstatt des patriarchalischen Meisters in die große Fabrik des industriellen Kapitalisten verwandelt

جدید صنعت نے پدرشاہی آقا کی چھوٹی سی ورکشاپ کو صنعتی سرمایہ دار کی عظیم فیکٹری میں تبدیل کر دیا ہے

Massen von Arbeitern, die in die Fabrik gedrängt sind, sind wie Soldaten organisiert

فیکٹری میں بھیڑ بھاڑ والے مزدوروں کی بڑی تعداد سپاہیوں کی طرح منظم ہے

Als Gefreite der Industriearmee stehen sie unter dem Kommando einer vollkommenen Hierarchie von Offizieren und Unteroffizieren

صنعتی فوج کے نجی افراد کی حیثیت سے انہیں افسران اور سارجنٹوں کی ایک کامل درجہ بندی کی کمان کے تحت رکھا جاتا ہے۔

sie sind nicht nur die Sklaven der Bourgeoisie und des Staates

وہ نہ صرف بورژوازی طبقے اور ریاست کے غلام ہیں۔

Aber sie werden auch täglich und stündlich von der
Maschine versklavt

لیکن وہ بھی روزانہ اور گھنٹے مشین کے غلام ہیں

sie sind Sklaven des Aufsehers und vor allem des einzelnen
Bourgeoisie Fabrikanten selbst

انہیں ضرورت سے زیادہ دیکھنے والے نے غلام بنا لیا ہے، اور سب
سے بڑھ کر، انفرادی بورژوازی کارخانہ دار نے خود انہیں غلام بنا لیا
ہے۔

Je offener dieser Despotismus den Gewinn als seinen Zweck
und sein Ziel proklamiert, desto kleinlicher, verhaßter und
verbitterender ist er

یہ آمریت جتنی زیادہ کھلے عام فائدے کو اپنے انجام اور مقصد کے
طور پر پیش کرتی ہے، اتنی ہی چھوٹی، اتنی ہی نفرت انگیز اور اتنی
ہی زیادہ نفرت انگیز ہوتی ہے۔

Je mehr sich die moderne Industrie entwickelt, desto
geringer sind die Unterschiede zwischen den Geschlechtern

جتنی زیادہ جدید صنعت ترقی یافتہ ہوتی ہے ، صنفوں کے مابین
اختلافات اتنے ہی کم ہوتے ہیں۔

Je geringer die Geschicklichkeit und Kraftanstrengung der
Handarbeit ist, desto mehr wird die Arbeit der Männer von
der der Frauen verdrängt

دستی مشقت میں جتنی کم مہارت اور طاقت کی مشقت ہوتی ہے،
مردوں کی محنت عورتوں کی محنت سے زیادہ ہوتی ہے۔

Alters- und Geschlechtsunterschiede haben für die
Arbeiterklasse keine besondere gesellschaftliche Gültigkeit
mehr

عمر اور جنس کے فرق کی اب محنت کش طبقے کے لئے کوئی
مخصوص سماجی حیثیت نہیں ہے۔

Alle sind Arbeitsinstrumente, die je nach Alter und
Geschlecht mehr oder weniger teuer zu gebrauchen sind

یہ سب مزدوری کے آلات ہیں، ان کی عمر اور جنس کے مطابق
استعمال کرنا کم و بیش مہنگا ہے۔

sobald der Arbeiter seinen Lohn in bar erhält, wird er von
den übrigen Teilen der Bourgeoisie angegriffen

جیسے ہی مزدور کو اس کی اجرت نقد میں ملتی ہے، بورژوازی کے دوسرے حصوں کی طرف سے اس پر دباؤ ڈالا جاتا ہے۔

der Vermieter, der Ladenbesitzer, der Pfandleiher usw

مالک مکان، دکاندار، مہرہ فروش وغیرہ

Die unteren Schichten der Mittelschicht; die kleinen Handwerker und Ladenbesitzer

متوسط طبقے کا نچلا طبقہ۔ چھوٹے تاجر لوگ اور دکاندار

die pensionierten Gewerbetreibenden überhaupt, die Handwerker und Bauern

عام طور پر ریٹائرڈ تاجر، اور دستکاری اور کسان

all dies sinkt allmählich in das Proletariat ein

یہ سب آہستہ آہستہ پرولتاریہ میں ڈوب جاتے ہیں

theils deshalb, weil ihr winziges Kapital nicht ausreicht für den Maßstab, in dem die moderne Industrie betrieben wird

جزوی طور پر اس لئے کہ ان کا کم سرمایہ اس پیمانے کے لئے کافی نہیں ہے جس پر جدید صنعت چل رہی ہے۔

und weil sie in der Konkurrenz mit den Großkapitalisten überschwemmt wird

اور کیونکہ یہ بڑے سرمایہ داروں کے ساتھ مسابقت میں ڈوبی ہوئی ہے۔

zum Teil deshalb, weil ihr spezialisiertes Können durch die neuen Produktionsmethoden wertlos wird

جزوی طور پر کیونکہ نئے طریقوں سے ان کی خصوصی مہارت بیکار ہو جاتی ہے۔

So rekrutiert sich das Proletariat aus allen Klassen der Bevölkerung

اس طرح پرولتاریہ کو آبادی کے تمام طبقوں سے بھرتی کیا جاتا ہے۔

Das Proletariat durchläuft verschiedene Entwicklungsstufen

پرولتاریہ ترقی کے مختلف مراحل سے گزرتا ہے

Mit ihrer Geburt beginnt der Kampf mit der Bourgeoisie

اس کی پیدائش کے ساتھ ہی بورژوازی کے ساتھ اس کی جدوجہد شروع ہوتی ہے

Zuerst wird der Kampf von einzelnen Arbeitern geführt

سب سے پہلے مقابلہ انفرادی مزدوروں کے ذریعہ کیا جاتا ہے

Dann wird der Kampf von den Arbeitern einer Fabrik ausgetragen

پھر مقابلہ ایک فیکٹری کے مزدوروں کے ذریعہ کیا جاتا ہے

Dann wird der Kampf von den Arbeitern eines Gewerbes an einem Ort ausgetragen

پھر مقابلہ ایک علاقے میں ایک تجارت کے کارندوں کے ذریعہ کیا جاتا ہے۔

und der Kampf richtet sich dann gegen die einzelne Bourgeoisie, die sie direkt ausbeutet

اور پھر مقابلہ انفرادی بورژوازی کے خلاف ہے جو براہ راست ان کا استحصال کرتا ہے۔

Sie richten ihre Angriffe nicht gegen die Bourgeoisie Produktionsbedingungen

وہ اپنے حملوں کی ہدایت بورژوازی کے پیداواری حالات کے خلاف نہیں کرتے ہیں۔

aber sie richten ihren Angriff gegen die Produktionsmittel selbst

لیکن وہ اپنا حملہ خود پیداوار کے آلات کے خلاف کرتے ہیں

Sie vernichten importierte Waren, die mit ihrer Arbeitskraft konkurrieren

وہ درآمد شدہ سامان کو تباہ کرتے ہیں جو ان کی محنت سے مقابلہ کرتے ہیں

Sie zertrümmern Maschinen und setzen Fabriken in Brand

وہ مشینری کو توڑ تے ہیں اور فیکٹریوں کو آگ لگا دیتے ہیں۔

sie versuchen, den verschwundenen Status des Arbeiters des Mittelalters mit Gewalt wiederherzustellen

وہ قرون وسطیٰ کے مزدور کی غائب شدہ حیثیت کو طاقت کے ذریعے بحال کرنا چاہتے ہیں۔

In diesem Stadium bilden die Arbeiter noch eine unzusammenhängende Masse, die über das ganze Land verstreut ist

اس مرحلے پر مزدور اب بھی پورے ملک میں بکھرے ہوئے ایک غیر مربوط گروہ کی تشکیل کرتے ہیں۔

und sie werden durch ihre gegenseitige Konkurrenz zerrissen

اور وہ اپنے باہمی مسابقت سے ٹوٹ جاتے ہیں

Wenn sie sich irgendwo zu kompakteren Körpern vereinigen, so ist dies noch nicht die Folge ihrer eigenen aktiven Vereinigung

اگر کہیں بھی وہ زیادہ کمپیکٹ باڈیز بنانے کے لئے متحد ہوتے ہیں تو یہ ابھی تک ان کے اپنے فعال اتحاد کا نتیجہ نہیں ہے۔ ،

aber es ist eine Folge der Vereinigung der Bourgeoisie, ihre eigenen politischen Ziele zu erreichen

لیکن یہ بورژوازی کے اتحاد کا نتیجہ ہے، اپنے سیاسی مقاصد کو حاصل کرنے کے لئے

die Bourgeoisie ist gezwungen, das ganze Proletariat in Bewegung zu setzen

بورژوازی پورے پرولتاریہ کو حرکت میں لانے پر مجبور ہے

und überdies ist die Bourgeoisie eine Zeitlang dazu in der Lage

اور اس کے علاوہ، کچھ وقت کے لئے، بورژوازی ایسا کرنے کے قابل ہے

In diesem Stadium kämpfen die Proletarier also nicht gegen ihre Feinde

لہٰذا اس مرحلے پر پرولتاریہ اپنے دشمنوں سے نہیں لڑتے۔

Stattdessen kämpfen sie gegen die Feinde ihrer Feinde

لیکن اس کے بجائے وہ اپنے دشمنوں کے دشمنوں سے لڑ رہے ہیں۔

Der Kampf gegen die Überreste der absoluten Monarchie und die Großgrundbesitzer

مطلق بادشاہت کی باقیات اور زمینداروں کے خلاف لڑائی

sie bekämpfen die nicht-industrielle Bourgeoisie; das Kleiliche Bourgeoisie

وہ غیر صنعتی بورژوازی سے لڑتے ہیں۔ چھوٹی بورژوازی

So ist die ganze historische Bewegung in den Händen der Bourgeoisie konzentriert

اس طرح پوری تاریخی تحریک بورژوازی کے ہاتھوں میں مرکوز ہے۔

jeder so errungene Sieg ist ein Sieg der Bourgeoisie

اس طرح حاصل ہونے والی ہر فتح بورژوازی کی فتح ہے۔

Aber mit der Entwicklung der Industrie wächst nicht nur die Zahl des Proletariats

لیکن صنعت کی ترقی کے ساتھ پرولتاریہ نہ صرف تعداد میں اضافہ کرتا ہے

das Proletariat konzentriert sich in größeren Massen und seine Kraft wächst

پرولتاریہ زیادہ سے زیادہ عوام میں مرتکز ہو جاتا ہے اور اس کی طاقت میں اضافہ ہوتا ہے۔

und das Proletariat spürt diese Kraft mehr und mehr

اور پرولتاریہ اس طاقت کو زیادہ سے زیادہ محسوس کرتا ہے

Die verschiedenen Interessen und Lebensbedingungen in den Reihen des Proletariats gleichen sich mehr und mehr an

پرولتاریہ کی صفوں میں زندگی کے مختلف مفادات اور حالات زیادہ سے زیادہ مساوی ہیں۔

sie werden in dem Maße größer, wie die Maschinerie alle Unterschiede der Arbeit verwischt

وہ زیادہ تناسب میں ہو جاتے ہیں کیونکہ مشینری مزدوروں کے تمام امتیازات کو ختم کر دیتی ہے۔

Und die Maschinen senken fast überall die Löhne auf das gleiche niedrige Niveau

اور مشینری تقریبا ہر جگہ اجرت کو اسی نچلی سطح تک کم کر دیتی ہے

Die wachsende Konkurrenz der Bourgeoisie und die daraus resultierenden Handelskrisen lassen die Löhne der Arbeiter immer schwankender

بورژوازی کے درمیان بڑھتا ہوا مسابقت اور اس کے نتیجے میں پیدا ہونے والے تجارتی بحران مزدوروں کی اجرتوں میں مزید اتار چڑھاؤ پیدا کرتے ہیں۔

Die unaufhörliche Verbesserung der sich immer schneller entwickelnden Maschinen macht ihren Lebensunterhalt immer prekärer

مشینری کی مسلسل بہتری، جو تیزی سے ترقی کر رہی ہے، ان کے ذریعہ معاش کو زیادہ سے زیادہ غیر یقینی بناتی ہے۔

die Kollisionen zwischen einzelnen Arbeitern und einzelnen Bourgeoisien nehmen immer mehr den Charakter von Zusammenstößen zwischen zwei Klassen an

انفرادی محنت کشوں اور انفرادی بورژوازی کے درمیان ٹکراؤ دو طبقوں کے درمیان ٹکراؤ کی نوعیت کو زیادہ سے زیادہ اختیار کرتا ہے۔

Darauf beginnen die Arbeiter, sich gegen die Bourgeoisie zu verbünden (Gewerkschaften)

اس کے بعد مزدور بورژوازی کے خلاف اتحاد)ٹریڈ یونین (تشکیل دینا شروع کر دیتے ہیں۔

Sie schließen sich zusammen, um die Löhne hoch zu halten

وہ اجرتوں کی شرح کو برقرار رکھنے کے لئے ایک ساتھ مل جاتے ہیں

sie gründeten ständige Vereinigungen, um für diese gelegentlichen Revolten im voraus Vorsorge zu treffen

انہوں نے مستقل انجمنیں تلاش کیں تاکہ کبھی کبھار ہونے والی ان بغاوتوں کے لئے سے پہلے سے انتظام کیا جا سکے۔

Hier und da bricht der Wettkampf in Ausschreitungen aus

یہاں اور وہاں مقابلہ فسادات میں بدل جاتا ہے

Hin und wieder siegen die Arbeiter, aber nur für eine gewisse Zeit

کبھی کبھی مزدور فاتح ہوتے ہیں، لیکن صرف ایک وقت کے لئے

Die wirkliche Frucht ihrer Kämpfe liegt nicht in den unmittelbaren Ergebnissen, sondern in der immer größer werdenden Vereinigung der Arbeiter

ان کی لڑائیوں کا اصل نتیجہ فوری نتائج میں نہیں بلکہ مزدوروں کی بڑھتی ہوئی یونین میں ہے۔

Diese Vereinigung wird durch die verbesserten Kommunikationsmittel unterstützt, die von der modernen Industrie geschaffen werden

اس یونین کو مواصلات کے بہتر ذرائع سے مدد ملتی ہے جو جدید صنعت کے ذریعہ تخلیق کیے جاتے ہیں۔

Die moderne Kommunikation bringt die Arbeiter verschiedener Orte miteinander in Kontakt

جدید مواصلات مختلف علاقوں کے کارکنوں کو ایک دوسرے کے ساتھ رابطے میں رکھتا ہے

Es war gerade dieser Kontakt, der nötig war, um die zahlreichen lokalen Kämpfe zu einem nationalen Kampf zwischen den Klassen zu zentralisieren

یہ صرف یہی رابطہ تھا جس کی ضرورت تھی تاکہ متعدد مقامی جدوجہد کو طبقات کے درمیان ایک قومی جدوجہد میں مرکزیت دی جا سکے۔

Alle diese Kämpfe haben den gleichen Charakter, und jeder Klassenkampf ist ein politischer Kampf

یہ تمام جدوجہد ایک ہی نوعیت کی ہیں اور ہر طبقاتی جدوجہد ایک سیاسی جدوجہد ہے۔

die Bürger des Mittelalters mit ihren elenden Landstraßen brauchten Jahrhunderte, um ihre Vereinigungen zu bilden

قرون وسطیٰ کے برگروں کو اپنی خستہ حال شاہراہوں کی وجہ سے اپنی یونینیں بنانے کے لیے صدیوں درکار تھیں۔

Die modernen Proletarier erreichen dank der Eisenbahn ihre Gewerkschaften innerhalb weniger Jahre

ریلوے کی بدولت جدید پرولتاریہ چند سالوں میں اپنی یونین حاصل کر لیتے ہیں۔

Diese Organisation der Proletarier zu einer Klasse formte sie folglich zu einer politischen Partei

پرولتاریہ کی اس تنظیم نے ایک طبقے میں تبدیل کر دیا جس کے نتیجے میں وہ ایک سیاسی جماعت بن گئے۔

Die politische Klasse wird immer wieder durch die Konkurrenz zwischen den Arbeitern selbst verärgert

خود مزدوروں کے درمیان مسابقت سے سیاسی طبقہ مسلسل پریشان ہو رہا ہے۔

Aber die politische Klasse erhebt sich weiter, stärker, fester, mächtiger

لیکن سیاسی طبقہ ایک بار پھر ابھر رہا ہے، مضبوط، مضبوط، طاقتور۔

Er zwingt zur gesetzgeberischen Anerkennung der besonderen Interessen der Arbeitnehmer

یہ مزدوروں کے مخصوص مفادات کو قانون سازی کی تسلیم کرنے پر مجبور کرتا ہے

sie tut dies, indem sie sich die Spaltungen innerhalb der Bourgeoisie selbst zunutze macht

یہ خود بورژوازی کے درمیان تقسیم کا فائدہ اٹھاتے ہوئے ایسا کرتا ہے

Damit wurde das Zehnstundengesetz in England in Kraft gesetzt

اس طرح انگلستان میں دس گھنٹے کا بل قانون کی شکل اختیار کر گیا۔

in vielerlei Hinsicht ist der Zusammenstoß zwischen den Klassen der alten Gesellschaft ferner der Entwicklungsgang des Proletariats

کئی طرح سے پرانے معاشرے کے طبقات کے درمیان ٹکراؤ پرولتاریہ کی ترقی کا راستہ ہے۔

Die Bourgeoisie befindet sich in einem ständigen Kampf

بورژوازی خود کو ایک مستقل جنگ میں ملوث پاتی ہے

Zuerst wird sie sich in einem ständigen Kampf mit der Aristokratie wiederfinden

سب سے پہلے یہ خود کو اشرافیہ کے ساتھ مستقل جنگ میں ملوث پائے گا۔

später wird sie sich in einem ständigen Kampf mit diesen Teilen der Bourgeoisie selbst wiederfinden

بعد میں یہ خود کو بورژوازی کے ان حصوں کے ساتھ مستقل جنگ میں ملوث پائے گا۔

und ihre Interessen werden dem Fortschritt der Industrie entgegengesetzt sein

اور ان کے مفادات صنعت کی ترقی کے مخالف بن گئے ہوں گے۔

zu allen Zeiten werden ihre Interessen mit der Bourgeoisie fremder Länder in Konflikt geraten sein

ہر وقت، ان کے مفادات بیرونی ممالک کی بورژوازی کے ساتھ مخالف ہو جائیں گے.

In allen diesen Kämpfen sieht sie sich genötigt, an das Proletariat zu appellieren, und bittet es um Hilfe

ان تمام لڑائیوں میں وہ خود کو پرولتاریہ سے اپیل کرنے پر مجبور دیکھتا ہے، اور اس سے مدد مانگتا ہے۔

Und so wird sie sich gezwungen sehen, sie in die politische Arena zu zerren

اور اس طرح وہ اسے سیاسی میدان میں گھسیٹنے پر مجبور ہو جائے گی۔

Die Bourgeoisie selbst versorgt also das Proletariat mit ihren eigenen Instrumenten der politischen und allgemeinen Erziehung

لہٰذا بورژوازی خود پرولتاریہ کو سیاسی اور عمومی تعلیم کے اپنے آلات فراہم کرتی ہے۔

mit anderen Worten, sie liefert dem Proletariat Waffen für den Kampf gegen die Bourgeoisie

دوسرے لفظوں میں، یہ پرولتاریہ کو بورژوازی سے لڑنے کے لئے ہتھیار فراہم کرتا ہے۔

Ferner werden, wie wir schon gesehen haben, ganze Schichten der herrschenden Klassen in das Proletariat hineingestürzt

مزید برآں، جیسا کہ ہم پہلے ہی دیکھ چکے ہیں، حکمران طبقوں کے تمام طبقات پرولتاریہ میں شامل ہو چکے ہیں۔

der Fortschritt der Industrie saugt sie in das Proletariat hinein

صنعت کی ترقی انہیں پرولتاریہ میں شامل کر دیتی ہے

oder zumindest sind sie in ihren Existenzbedingungen bedroht

یا، کم از کم، وہ اپنے وجود کے حالات میں خطرے میں ہیں

Diese versorgen auch das Proletariat mit frischen Elementen der Aufklärung und des Fortschritts

یہ پرولتاریہ کو روشن خیالی اور ترقی کے نئے عناصر بھی فراہم کرتے ہیں۔

Endlich, in Zeiten, in denen sich der Klassenkampf der entscheidenden Stunde nähert

آخر میں، ایسے وقت میں جب طبقاتی جدوجہد فیصلہ کن وقت کے قریب ہے

Der Auflösungsprozess innerhalb der herrschenden Klasse

حکمران طبقے کے اندر تحلیل کا عمل جاری ہے

In der Tat wird die Auflösung, die sich innerhalb der herrschenden Klasse vollzieht, in der gesamten Bandbreite der Gesellschaft zu spüren sein

درحقیقت حکمران طبقے کے اندر جو تحلیل ہو رہی ہے وہ پورے معاشرے کے اندر محسوس کی جائے گی۔

Sie wird einen so gewalttätigen, krassen Charakter annehmen, dass ein kleiner Teil der herrschenden Klasse sich selbst abtreibt

یہ ایک ایسا پرتشدد اور واضح کردار اختیار کرے گا کہ حکمران طبقے کا ایک چھوٹا سا حصہ خود کو منتشر کر لے گا۔

Und diese herrschende Klasse wird sich der revolutionären Klasse anschließen

اور وہ حکمران طبقہ انقلابی طبقے میں شامل ہو جائے گا۔

Die revolutionäre Klasse ist die Klasse, die die Zukunft in ihren Händen hält

انقلابی طبقہ وہ طبقہ ہے جو مستقبل کو اپنے ہاتھوں میں رکھتا ہے۔

Wie in früheren Zeiten ging ein Teil des Adels zur Bourgeoisie über

بالکل اسی طرح جیسے پہلے دور میں اشرافیہ کا ایک طبقہ بورژوازی کے حوالے ہو گیا تھا۔

ebenso wird ein Teil der Bourgeoisie zum Proletariat übergehen

اسی طرح بورژوازی کا ایک حصہ پرولتاریہ کے پاس چلا جائے گا۔

insbesondere wird ein Teil der Bourgeoisie zu einem Teil der Bourgeoisie Ideologen übergehen

خاص طور پر بورژوازی کا ایک حصہ بورژوازی نظریات کے ایک حصے کے حوالے ہو جائے گا۔

Bourgeoisie Ideologen, die sich auf die Ebene erhoben haben, die historische Bewegung als Ganzes theoretisch zu begreifen

بورژوازی نظریاتی ماہرین جنہوں نے اپنے آپ کو نظریاتی طور پر مجموعی طور پر تاریخی تحریک کو سمجھنے کی سطح تک پہنچا دیا ہے

Von allen Klassen, die heute der Bourgeoisie gegenüberstehen, ist das Proletariat allein eine wirklich revolutionäre Klasse

آج بورژوازی کے ساتھ آمنے سامنے کھڑے تمام طبقات میں سے صرف پرولتاریہ ہی ایک حقیقی انقلابی طبقہ ہے۔

Die anderen Klassen zerfallen und verschwinden schließlich im Angesicht der modernen Industrie

دیگر طبقات زوال پذیر ہیں اور آخر کار جدید صنعت کے سامنے غائب ہو جاتے ہیں۔

das Proletariat ist ihr besonderes und wesentliches Produkt

پرولتاریہ اس کی خاص اور ضروری مصنوعات ہے

Die untere Mittelschicht, der kleine Fabrikant, der Ladenbesitzer, der Handwerker, der Bauer

نچلا متوسط طبقہ، چھوٹا کارخانہ دار، دکاندار، کاریگر، کسان

all diese Kämpfe gegen die Bourgeoisie

یہ سب بورژوازی کے خلاف لڑائی

Sie kämpfen als Fraktionen der Mittelschicht, um sich vor dem Aussterben zu retten

وہ خود کو معدومیت سے بچانے کے لئے متوسط طبقے کے حصوں کے طور پر لڑتے ہیں

Sie sind also nicht revolutionär, sondern konservativ

لہٰذا وہ انقلابی نہیں بلکہ قدامت پسند ہیں۔

Ja, mehr noch, sie sind reaktionär, denn sie versuchen, das Rad der Geschichte zurückzudrehen

اس سے بھی بڑھ کر، وہ رجعت پسند ہیں، کیونکہ وہ تاریخ کے پہیے کو پلٹنے کی کوشش کرتے ہیں۔

Wenn sie zufällig revolutionär sind, so sind sie es nur im Hinblick auf ihre bevorstehende Überführung in das Proletariat

اگر اتفاق سے وہ انقلابی ہیں، تو وہ صرف پرولتاریہ میں ان کی آنے والی منتقلی کے پیش نظر ہیں۔

Sie verteidigen also nicht ihre gegenwärtigen, sondern ihre zukünftigen Interessen

اس طرح وہ اپنے حال کا نہیں بلکہ اپنے مستقبل کے مفادات کا دفاع کرتے ہیں۔

sie verlassen ihren eigenen Standpunkt, um sich auf den des Proletariats zu stellen

وہ خود کو پرولتاریہ کے نقطہ نظر پر رکھنے کے لئے اپنا نقطہ نظر چھوڑ دیتے ہیں۔

Die »gefährliche Klasse«, der soziale Abschaum, diese passiv verrottende Masse, die von den untersten Schichten der alten Gesellschaft abgeworfen wird

خطرناک طبقہ"، سماجی گندگی، جو پرانے معاشرے کی نچلی ترین" پرتوں کے ذریعے غیر فعال طور پر سڑتے ہوئے بڑے پیمانے پر پھینک دیا گیا ہے

sie können hier und da von einer proletarischen Revolution in die Bewegung hineingerissen werden

ہو سکتا ہے کہ وہ یہاں اور وہاں ایک پرولتاری انقلاب کے ذریعے تحریک میں شامل ہو جائیں۔

Seine Lebensbedingungen bereiten ihn jedoch viel mehr auf die Rolle eines bestochenen Werkzeugs reaktionärer Intrigen vor

تاہم، اس کی زندگی کے حالات اسے رجعتی سازشوں کے رشوت کے آلے کے کردار کے لئے کہیں زیادہ تیار کرتے ہیں۔

In den Verhältnissen des Proletariats sind die Verhältnisse der alten Gesellschaft im Allgemeinen bereits praktisch überschwemmt

پرولتاریہ کے حالات میں، بڑے پیمانے پر پرانے معاشرے کے لوگ پہلے ہی عملی طور پر دلدل میں ڈوبے ہوئے ہیں۔

Der Proletarier ist ohne Eigentum

پرولتاریہ جائیداد سے محروم ہے

sein Verhältnis zu Frau und Kindern hat mit den Familienverhältnissen der Bourgeoisie nichts mehr gemein

اپنی بیوی اور بچوں کے ساتھ اس کے تعلقات میں بورژوازی کے خاندانی تعلقات سے اب کوئی مماثلت نہیں ہے۔

moderne industrielle Arbeit, moderne Unterwerfung unter das Kapital, dasselbe in England wie in Frankreich, in Amerika wie in Deutschland

جدید صنعتی مزدوری، سرمائے کے ماتحت، انگلینڈ میں فرانس کی طرح، امریکہ میں جرمنی کی طرح

Seine Stellung in der Gesellschaft hat ihm jede Spur von nationalem Charakter genommen

معاشرے میں ان کی حالت نے انہیں قومی کردار کے ہر نشان سے محروم کر دیا ہے۔

Gesetz, Moral, Religion sind für ihn so viele Bourgeoisie Vorurteile

قانون، اخلاقیات، مذہب، ان کے نزدیک بورژوازی کے بہت سے تعصبات ہیں۔

und hinter diesen Vorurteilen lauern ebenso viele Bourgeoisie Interessen

اور ان تعصبات کے پیچھے بہت سے بورژوازی مفادات کی طرح گھات لگانا بھی پوشیدہ ہے۔

Alle vorhergehenden Klassen, die die Oberhand gewannen, versuchten, ihren bereits erworbenen Status zu festigen

پچھلی تمام کلاسیں جنہیں بالادستی حاصل تھی، نے اپنی پہلے سے حاصل کردہ حیثیت کو مستحکم کرنے کی کوشش کی۔

Sie taten dies, indem sie die Gesellschaft als Ganzes ihren Aneignungsbedingungen unterwarfen

انہوں نے یہ کام معاشرے کو بڑے پیمانے پر اپنی تخصیص کی شرائط کے تابع کرکے کیا۔

Die Proletarier können nicht Herren der Produktivkräfte der Gesellschaft werden

پرولتاریہ معاشرے کی پیداواری قوتوں کے مالک نہیں بن سکتے

Sie kann dies nur tun, indem sie ihre eigene bisherige Aneignungsweise abschafft

یہ صرف اپنے سابقہ طریقہ کار کو ختم کرکے ہی ایسا کر سکتا ہے۔

Und damit hebt sie auch jede andere bisherige Aneignungsweise auf

اور اس طرح یہ تخصیص کے ہر دوسرے سابقہ طریقہ کار کو بھی ختم کر دیتا ہے۔

Sie haben nichts Eigenes zu sichern und zu festigen

ان کے پاس محفوظ کرنے اور مضبوط کرنے کے لئے کچھ بھی نہیں ہے

Ihre Aufgabe ist es, alle bisherigen Sicherheiten und Versicherungen für individuelles Eigentum zu vernichten

ان کا مشن انفرادی جائیداد کے لئے سابقہ تمام سیکورٹیز اور انشورنس کو تباہ کرنا ہے۔

Alle bisherigen historischen Bewegungen waren Bewegungen von Minderheiten

پچھلی تمام تاریخی تحریکیں اقلیتوں کی تحریکیں تھیں۔

oder es handelte sich um Bewegungen im Interesse von Minderheiten

یا وہ اقلیتوں کے مفاد میں تحریکیں تھیں۔

Die proletarische Bewegung ist die selbstbewusste, selbständige Bewegung der ungeheuren Mehrheit

پرولتاریہ تحریک بے پناہ اکثریت کی خود ساختہ، آزاد تحریک ہے۔

Und es ist eine Bewegung im Interesse der großen Mehrheit

اور یہ ایک بڑی اکثریت کے مفاد میں ایک تحریک ہے

Das Proletariat, die unterste Schicht unserer heutigen Gesellschaft

پرولتاریہ، ہمارے موجودہ معاشرے کا سب سے نچلا طبقہ

Sie kann sich nicht regen oder erheben, ohne daß die ganze
übergeordnete Schicht der offiziellen Gesellschaft in die
Luft geschleudert wird

یہ اس وقت تک خود کو ہلا نہیں سکتا اور نہ ہی خود کو بلند کر سکتا
ہے جب تک کہ سرکاری معاشرے کے پورے اعلیٰ سطحی طبقے کو
ہوا میں نہ اڑایا نہ جائے۔

Der Kampf des Proletariats mit der Bourgeoisie ist, wenn
auch nicht der Substanz nach, doch zunächst ein nationaler
Kampf

اگرچہ حقیقت میں نہیں، لیکن شکل میں، بورژوازی کے ساتھ پرولتاریہ
کی جدوجہد سب سے پہلے ایک قومی جدوجہد ہے۔

Das Proletariat eines jeden Landes muss natürlich vor allem
mit seiner eigenen Bourgeoisie abrechnen

یقیناً ہر ملک کے پرولتاریہ کو سب سے پہلے اپنے بورژوازی کے
ساتھ معاملات طے کرنے ہوں گے۔

Indem wir die allgemeinsten Phasen der Entwicklung des
Proletariats schilderten, verfolgten wir den mehr oder
weniger verhüllten Bürgerkrieg

پرولتاریہ کی ترقی کے سب سے عام مراحل کی عکاسی کرتے ہوئے،
ہم نے کم و بیش پردے والی خانہ جنگی کا سراغ لگایا۔

Diese Zivilgesellschaft wütet in der bestehenden
Gesellschaft

موجودہ معاشرے کے اندر یہ تہذیب سراپا احتجاج ہے

Er wird bis zu dem Punkt wüten, an dem dieser Krieg in
eine offene Revolution ausbricht

یہ اس حد تک بھڑک اٹھے گا کہ یہ جنگ کھلے انقلاب کی شکل اختیار
کر لے گی۔

und dann legt der gewaltsame Sturz der Bourgeoisie die
Grundlage für die Herrschaft des Proletariats

اور پھر بورژوازی کا پرتشدد تختہ الٹنے سے پرولتاریہ کے غلبے کی
بنیاد رکھی گئی۔

Bisher beruhte jede Gesellschaftsform, wie wir bereits
gesehen haben, auf dem Antagonismus unterdrückender
und unterdrückter Klassen

اب تک معاشرے کی ہر شکل کی بنیاد، جیسا کہ ہم پہلے ہی دیکھ چکے ہیں، مظلوم اور محکوم طبقات کی دشمنی پر مبنی ہے۔

Um aber eine Klasse zu unterdrücken, müssen ihr gewisse Bedingungen zugesichert werden

لیکن کسی طبقے پر ظلم کرنے کے لیے اس کے لیے کچھ شرائط کو یقینی بنانا ضروری ہے۔

Die Klasse muss unter Bedingungen gehalten werden, unter denen sie wenigstens ihre sklavische Existenz fortsetzen kann

اس طبقے کو ایسے حالات میں رکھا جانا چاہیے جن میں وہ کم از کم اپنے وجود کو جاری رکھ سکے۔

Der Leibeigene erhob sich in der Zeit der Leibeigenschaft zum Mitglied der Kommune

غلامی کے دور میں سرف نے خود کو کمیون کی رکنیت تک پہنچایا۔

so wie es dem Kleinbourgeoisie unter dem Joch des feudalen Absolutismus gelang, sich zur Bourgeoisie zu entwickeln

جس طرح جاگیردارانہ آمریت کے بوجھ تلے دبی چھوٹی بورژوازی بورژوازی بورژوازی بننے میں کامیاب رہی۔

Der moderne Arbeiter dagegen sinkt, anstatt sich mit dem Fortschritt der Industrie zu erheben, immer tiefer

اس کے بر عکس جدید مزدور صنعت کی ترقی کے ساتھ آگے بڑھنے کے بجائے گہرا اور گہرا ہوتا جا رہا ہے۔

Er sinkt unter die Existenzbedingungen seiner eigenen Klasse

وہ اپنے ہی طبقے کے وجود کی شرائط سے نیچے ڈوب جاتا ہے

Er wird ein Bettler, und der Pauperismus entwickelt sich schneller als Bevölkerung und Reichtum

وہ غریب بن جاتا ہے، اور غریبی آبادی اور دولت سے زیادہ تیزی سے ترقی کرتی ہے

Und hier zeigt sich, dass die Bourgeoisie nicht mehr geeignet ist, die herrschende Klasse in der Gesellschaft zu sein

اور یہاں یہ بات واضح ہو جاتی ہے کہ بورژوازی اب معاشرے میں حکمران طبقہ بننے کے قابل نہیں ہے۔

und sie ist ungeeignet, der Gesellschaft ihre Existenzbedingungen als übergeordnetes Gesetz aufzuzwingen

اور یہ معاشرے پر اپنے وجود کی شرائط کو ایک حد سے زیادہ سوار قانون کے طور پر مسلط کرنے کے قابل نہیں ہے۔

Sie ist unfähig zu herrschen, weil sie unfähig ist, ihrem Sklaven in seiner Sklaverei eine Existenz zu sichern

وہ حکومت کرنے کے قابل نہیں ہے کیونکہ وہ اپنے غلام کو اس کی غلامی میں اپنے وجود کی یقین دہانی کرانے میں ناابل ہے۔

denn sie kann nicht anders, als ihn in einen solchen Zustand sinken zu lassen, daß sie ihn ernähren muss, statt von ihm gefüttert zu werden

کیونکہ یہ اسے ایسی حالت میں ڈوبنے دینے کے بغیر نہیں رہ سکتا کہ اسے کھلانے کے بجائے اسے کھانا کھلانا پڑے۔

Die Gesellschaft kann nicht länger unter dieser Bourgeoisie leben

معاشرہ اب اس بورژوازی کے تحت نہیں رہ سکتا

Mit anderen Worten, ihre Existenz ist nicht mehr mit der Gesellschaft vereinbar

دوسرے لفظوں میں، اس کا وجود اب معاشرے کے ساتھ مطابقت نہیں رکھتا ہے

Die wesentliche Bedingung für die Existenz und die Herrschaft der Bourgeoisie Klasse ist die Bildung und Vermehrung des Kapitals

بورژوازی طبقے کے وجود اور غلبے کے لیے لازمی شرط سرمائے کی تشکیل اور اس میں اضافہ ہے۔

Die Bedingung für das Kapital ist Lohnarbeit

سرمائے کی شرط اجرت مزدوری ہے۔

Die Lohnarbeit beruht ausschließlich auf der Konkurrenz zwischen den Arbeitern

مزدوری صرف مزدوروں کے درمیان مسابقت پر منحصر ہے

Der Fortschritt der Industrie, deren unfreiwilliger Förderer die Bourgeoisie ist, tritt an die Stelle der Isolierung der Arbeiter

،صنعت کی ترقی، جس کا غیر رضاکارانہ پروموٹر بورژوازی ہے مزدوروں کی تنہائی کی جگہ لے لیتا ہے۔

durch die Konkurrenz, durch ihre revolutionäre
Kombination, durch die Assoziation

مسابقت کی وجہ سے، ان کے انقلابی امتزاج کی وجہ سے، ایسوسی
ایشن کی وجہ سے

Die Entwicklung der modernen Industrie schneidet ihr die
Grundlage unter den Füßen weg, auf der die Bourgeoisie
Produkte produziert und sich aneignet

جدید صنعت کی ترقی اس کے پیروں تلے سے اس بنیاد کو ختم کر
دیتی ہے جس پر بورژوازی مصنوعات تیار کرتی ہے اور ان کا
استعمال کرتی ہے۔

Was die Bourgeoisie vor allem produziert, sind ihre eigenen
Totengräber

بورژوازی جو کچھ پیدا کرتی ہے، سب سے بڑھ کر، وہ اس کے اپنے
قبر کھودنے والے ہیں۔

Der Sturz der Bourgeoisie und der Sieg des Proletariats sind
gleichermaßen unvermeidlich

بورژوازی کا زوال اور پرولتاریہ کی فتح یکساں طور پر ناگزیر ہے۔

Proletarier und Kommunisten

پرولتاریہ اور کمیونسٹ

In welchem Verhältnis stehen die Kommunisten zu den Proletariern insgesamt?

کمیونسٹ مجموعی طور پر پرولتاریہ کے ساتھ کس تعلق میں کھڑے ہیں؟

Die Kommunisten bilden keine eigene Partei, die anderen Arbeiterparteien entgegengesetzt ist

کمیونسٹ دیگر محنت کش جماعتوں کے مقابلے میں ایک علیحدہ پارٹی تشکیل نہیں دیتے ہیں۔

Sie haben keine Interessen, die von denen des Proletariats als Ganzes getrennt und getrennt sind

ان کے پاس پرولتاریہ کے مفادات سے الگ اور الگ کوئی مفاد نہیں ہے۔

Sie stellen keine eigenen sektiererischen Prinzipien auf, nach denen sie die proletarische Bewegung formen und formen könnten

وہ اپنا کوئی فرقہ وارانہ اصول قائم نہیں کرتے، جس کے ذریعے پرولتاریہ تحریک کو تشکیل دیا جا سکے اور اسے ڈھالا جا سکے۔

Die Kommunisten unterscheiden sich von den anderen Arbeiterparteien nur durch zwei Dinge

کمیونسٹ دیگر محنت کش وں کی جماعتوں سے صرف دو چیزوں سے ممتاز ہیں۔

Erstens: Sie weisen auf die gemeinsamen Interessen des gesamten Proletariats hin und bringen sie in den Vordergrund, unabhängig von jeder Nationalität

سب سے پہلے، وہ تمام قومیتوں سے قطع نظر پورے پرولتاریہ کے مشترکہ مفادات کی نشاندہی کرتے ہیں اور سامنے لاتے ہیں۔

Das tun sie in den nationalen Kämpfen der Proletarier der verschiedenen Länder

یہ وہ مختلف ممالک کے پرولتاریوں کی قومی جدوجہد میں کرتے ہیں۔

Zweitens vertreten sie immer und überall die Interessen der gesamten Bewegung

دوسری بات یہ ہے کہ وہ ہمیشہ اور ہر جگہ مجموعی طور پر تحریک کے مفادات کی نمائندگی کرتے ہیں۔

das tun sie in den verschiedenen Entwicklungsstadien, die der Kampf der Arbeiterklasse gegen die Bourgeoisie zu durchlaufen hat

یہ وہ ترقی کے مختلف مراحل میں کرتے ہیں، جس سے بورژوازی کے خلاف محنت کش طبقے کی جدوجہد کو گزرنا پڑتا ہے۔

Die Kommunisten sind also auf der einen Seite praktisch der fortschrittlichste und entschiedenste Teil der Arbeiterparteien eines jeden Landes

لہذا کمیونسٹ ایک طرف عملی طور پر ہر ملک کی محنت کش جماعتوں کا سب سے زیادہ ترقی یافتہ اور پر عزم طبقہ ہیں۔

Sie sind der Teil der Arbeiterklasse, der alle anderen vorantreibt

یہ محنت کش طبقے کا وہ طبقہ ہے جو باقی سب کو آگے بڑھاتا ہے۔

Theoretisch haben sie auch den Vorteil, dass sie die Marschlinie klar verstehen

نظریاتی طور پر، انہیں مارچ کی لائن کو واضح طور پر سمجھنے کا فائدہ بھی ہے

Das verstehen sie besser im Vergleich zu der großen Masse des Proletariats

یہ وہ پرولتاریہ کی عظیم آبادی کے مقابلے میں بہتر سمجھتے ہیں

Sie verstehen die Bedingungen und die letzten allgemeinen Ergebnisse der proletarischen Bewegung

وہ حالات کو سمجھتے ہیں، اور پرولتاریہ تحریک کے حتمی عمومی نتائج کو سمجھتے ہیں

Das unmittelbare Ziel des Kommunisten ist dasselbe wie das aller anderen proletarischen Parteien

کمیونسٹ کا فوری مقصد وہی ہے جو دیگر تمام پرولتاریہ جماعتوں کا ہے۔

Ihr Ziel ist die Formierung des Proletariats zu einer Klasse

ان کا مقصد پرولتاریہ کو ایک طبقے میں تبدیل کرنا ہے۔

sie zielen darauf ab, die Vorherrschaft der Bourgeoisie zu stürzen

ان کا مقصد بورژوازی بالادستی کا تختہ الٹنا ہے

das Streben nach politischer Machteroberung durch das Proletariat

پرولتاریہ کے ذریعہ سیاسی اقتدار کی فتح کے لئے جدوجہد

Die theoretischen Schlußfolgerungen der Kommunisten
beruhen in keiner Weise auf Ideen oder Prinzipien der
Reformer

کمیونسٹوں کے نظریاتی نتائج کسی بھی طرح مصلحین کے نظریات یا
اصولوں پر مبنی نہیں ہیں۔

es waren keine Möchtegern-Universalreformer, die die
theoretischen Schlussfolgerungen der Kommunisten
erfunden oder entdeckt haben

یہ عالمگیر اصلاح پسند نہیں تھے جنہوں نے کمیونسٹوں کے نظریاتی
نتائج ایجاد یا دریافت کیے۔

Sie drücken lediglich in allgemeinen Begriffen tatsächliche
Verhältnisse aus, die aus einem bestehenden Klassenkampf
hervorgehen

وہ صرف عام الفاظ میں موجودہ طبقاتی جدوجہد سے پیدا ہونے والے
حقیقی تعلقات کا اظہار کرتے ہیں۔

Und sie beschreiben die historische Bewegung, die sich
unter unseren Augen abspielt und die diesen Klassenkampf
hervorgebracht hat

اور وہ ہماری آنکھوں کے نیچے جاری تاریخی تحریک کو بیان کرتے
ہیں جس نے اس طبقاتی جدوجہد کو جنم دیا ہے۔

Die Abschaffung bestehender Eigentumsverhältnisse ist
keineswegs ein charakteristisches Merkmal des
Kommunismus

موجودہ جائیداد کے تعلقات کا خاتمہ کمیونزم کی ایک مخصوص
خصوصیت نہیں ہے۔

Alle Eigentumsverhältnisse in der Vergangenheit waren
einem ständigen historischen Wandel unterworfen

ماضی میں تمام املاک کے تعلقات مسلسل تاریخی تبدیلیوں کے تابع
رہے ہیں۔

Und diese Veränderungen waren eine Folge der
Veränderung der historischen Bedingungen

اور یہ تبدیلیاں تاریخی حالات میں تبدیلی کے نتیجے میں ہوئیں۔

Die Französische Revolution zum Beispiel schaffte das
Feudaleigentum zugunsten des Bourgeoisie Eigentums ab

مثال کے طور پر فرانس کے انقلاب نے بورژوازی جائیداد کے حق
میں جاگیردارانہ جائیداد کا خاتمہ کر دیا۔

Das Unterscheidungsmerkmal des Kommunismus ist nicht die Abschaffung des Eigentums im Allgemeinen

کمیونزم کی امتیازی خصوصیت عام طور پر جائیداد کا خاتمہ نہیں ہے۔

aber das Unterscheidungsmerkmal des Kommunismus ist die Abschaffung des Bourgeoisie Eigentums

لیکن کمیونزم کی امتیازی خصوصیت بورژوازی جائیداد کا خاتمہ ہے۔

Aber das Privateigentum der modernen Bourgeoisie ist der letzte und vollständigste Ausdruck des Systems der Produktion und Aneignung von Produkten

لیکن جدید بورژوازی نجی ملکیت مصنوعات کی پیداوار اور قبضے کے نظام کا حتمی اور مکمل اظہار ہے۔

Es ist der Endzustand eines Systems, das auf Klassengegensätzen beruht, wobei der Klassenantagonismus die Ausbeutung der Vielen durch die Wenigen ist

،یہ ایک ایسے نظام کی حتمی حالت ہے جو طبقاتی دشمنی پر مبنی ہے جہاں طبقاتی دشمنی چند لوگوں کے ذریعہ بہت سے لوگوں کا استحصال ہے۔

In diesem Sinne läßt sich die Theorie der Kommunisten in einem einzigen Satz zusammenfassen; die Abschaffung des Privateigentums

اس لحاظ سے کمیونسٹوں کے نظریے کا خلاصہ ایک جملے میں کیا جا سکتا ہے۔ نجی املاک کا خاتمہ

Uns Kommunisten hat man vorgeworfen, das Recht auf persönlichen Eigentumserwerb abschaffen zu wollen

ہم کمیونسٹوں کو ذاتی طور پر جائیداد حاصل کرنے کے حق کو ختم کرنے کی خواہش کے ساتھ ملامت کی گئی ہے۔

Es wird behauptet, dass diese Eigenschaft die Frucht der eigenen Arbeit eines Menschen ist

یہ دعوی کیا جاتا ہے کہ یہ جائیداد انسان کی اپنی محنت کا پھل ہے۔

Und diese Eigenschaft soll die Grundlage aller persönlichen Freiheit, Aktivität und Unabhängigkeit sein.

اور یہ جائیداد مبینہ طور پر تمام ذاتی آزادی، سرگرمی اور آزادی کی بنیاد ہے۔

"Hart erkämpftes, selbst erworbenes, selbst verdientes Eigentum!"

محنت سے جیتی گئی، خود سے حاصل کردہ، خود سے کمائی گئی"
"!جائیداد

Meinst du das Eigentum des kleinen Handwerkers und des
Kleinbauern?

کیا آپ کا مطلب چھوٹے کاریگر اور چھوٹے کسان کی ملکیت ہے؟

Meinen Sie eine Form des Eigentums, die der Bourgeoisie
Form vorausging?

کیا آپ کا مطلب جائیداد کی ایک شکل ہے جو بورژوازی شکل سے
پہلے تھی؟

Es ist nicht nötig, sie abzuschaffen, die Entwicklung der
Industrie hat sie zum großen Teil bereits zerstört

اسے ختم کرنے کی کوئی ضرورت نہیں ہے، صنعت کی ترقی نے
پہلے ہی اسے کافی حد تک تباہ کر دیا ہے۔

Und die Entwicklung der Industrie zerstört sie immer noch
täglich

اور صنعت کی ترقی اب بھی اسے روزانہ تباہ کر رہی ہے

Oder meinen Sie das moderne Bourgeoisie Privateigentum?

یا آپ کا مطلب جدید بورژوازی کی نجی ملکیت ہے؟

Aber schafft die Lohnarbeit irgendein Eigentum für den
Arbeiter?

لیکن کیا مزدوری مزدور کے لیے کوئی جائیداد پیدا کرتی ہے؟

Nein, die Lohnarbeit schafft nicht ein bisschen von dieser
Art von Eigentum!

!نہیں، مزدوری اس قسم کی جائیداد کا ایک ٹکڑا بھی پیدا نہیں کرتی ہے

Was Lohnarbeit schafft, ist Kapital; jene Art von Eigentum,
das Lohnarbeit ausbeutet

مزدوری جو پیدا کرتی ہے وہ سرمایہ ہے۔ وہ جائیداد جو اجرت
مزدوری کا استحصال کرتی ہے

Das Kapital kann sich nur unter der Bedingung vermehren,
daß es ein neues Angebot an Lohnarbeit für neue
Ausbeutung erzeugt

سرمائے میں اضافہ اس شرط کے بغیر نہیں ہو سکتا کہ نئے استحصال
کے لیے مزدوری کی نئی فراہمی کو بھول جائیں۔

Das Eigentum in seiner jetzigen Form beruht auf dem
Antagonismus von Kapital und Lohnarbeit

جائیداد، اپنی موجودہ شکل میں، سرمائے اور اجرت مزدوری کی
دشمنی پر مبنی ہے.

Betrachten wir beide Seiten dieses Antagonismus

آئیے اس دشمنی کے دونوں پہلوؤں کا جائزہ لیں

Kapitalist zu sein bedeutet nicht nur, einen rein
persönlichen Status zu haben

سرمایہ دار ہونے کا مطلب نہ صرف خالص ذاتی حیثیت کا ہونا ہے۔

Stattdessen bedeutet Kapitalist zu sein auch, einen sozialen
Status in der Produktion zu haben

اس کے بجائے، سرمایہ دار ہونے کا مطلب پیداوار میں ایک سماجی
حیثیت بھی ہے.

weil Kapital ein kollektives Produkt ist; Nur durch das
gemeinsame Handeln vieler Mitglieder kann sie in Gang
gesetzt werden

کیونکہ سرمایہ ایک اجتماعی پیداوار ہے۔ بہت سے ارکان کے متحدہ
اقدام سے ہی اسے حرکت میں لایا جا سکتا ہے۔

Aber dieses gemeinsame Handeln ist der letzte Ausweg und
erfordert eigentlich alle Mitglieder der Gesellschaft

لیکن یہ متحدہ اقدام ایک آخری راستہ ہے، اور درحقیقت معاشرے کے
تمام ارکان کی ضرورت ہے.

Das Kapital verwandelt sich in das Eigentum aller
Mitglieder der Gesellschaft

سرمائے کو معاشرے کے تمام افراد کی ملکیت میں تبدیل کر دیا جاتا
ہے.

aber das Kapital ist also keine persönliche Macht; Es ist eine
gesellschaftliche Macht

لیکن سرمایہ، لہذا، ایک ذاتی طاقت نہیں ہے .یہ ایک سماجی طاقت ہے

Wenn also Kapital in gesellschaftliches Eigentum
umgewandelt wird, so verwandelt sich dadurch nicht
persönliches Eigentum in gesellschaftliches Eigentum

لہذا جب سرمائے کو سماجی ملکیت میں تبدیل کیا جاتا ہے تو ، ذاتی
ملکیت اس طرح معاشرتی ملکیت میں تبدیل نہیں ہوتی ہے۔

Nur der gesellschaftliche Charakter des Eigentums wird
verändert und verliert seinen Klassencharakter

یہ صرف جائیداد کا سماجی کردار ہے جو تبدیل ہوتا ہے ، اور اپنا
طبقاتی کردار کھو دیتا ہے۔

Betrachten wir nun die Lohnarbeit

آئیے اب اجرت مزدوری پر نظر ڈالتے ہیں

Der Durchschnittspreis der Lohnarbeit ist der Mindestlohn, d.h. das Quantum der Lebensmittel

مزدوری کی اوسط قیمت کم از کم اجرت ہے، یعنی گزر بسر کے ذرائع کی مقدار

Dieser Lohn ist für die bloße Existenz als Arbeiter absolut notwendig

ایک مزدور کی حیثیت سے وجود میں یہ اجرت بالکل ضروری ہے۔

Was sich also der Lohnarbeiter durch seine Arbeit aneignet, genügt nur, um ein bloßes Dasein zu verlängern und zu reproduzieren

لہٰذا، مزدور اپنی محنت کے ذریعے جو کچھ حاصل کرتا ہے، وہ صرف ایک ننگے وجود کو طول دینے اور دوبارہ پیدا کرنے کے لیے کافی ہے۔

Wir beabsichtigen keineswegs, diese persönliche Aneignung der Arbeitsprodukte abzuschaffen

ہم کسی بھی طرح سے مزدوروں کی مصنوعات کے اس ذاتی استعمال کو ختم کرنے کا ارادہ نہیں رکھتے ہیں

eine Aneignung, die für die Erhaltung und Reproduktion des menschlichen Lebens bestimmt ist

ایک تخصیص جو انسانی زندگی کی دیکھ بھال اور افزائش کے لئے کی جاتی ہے

Eine solche persönliche Aneignung der Arbeitsprodukte lässt keinen Überschuss übrig, mit dem man die Arbeit anderer befehlen könnte

مزدوری کی مصنوعات کے اس طرح کے ذاتی استعمال سے دوسروں کی محنت کو کنٹرول کرنے کے لئے کوئی اضافی رقم نہیں بچتی ہے۔

Alles, was wir beseitigen wollen, ist der erbärmliche Charakter dieser Aneignung

ہم جو کچھ بھی ختم کرنا چاہتے ہیں، وہ اس تخصیص کا افسوسناک کردار ہے۔

die Aneignung, unter der der Arbeiter lebt, bloß um das Kapital zu vermehren

وہ تخصیص جس کے تحت مزدور صرف سرمائے میں اضافہ کرنے کے لئے زندگی گزارتا ہے

Er darf nur leben, soweit es das Interesse der herrschenden Klasse erfordert

اسے صرف اس حد تک رہنے کی اجازت ہے جہاں تک حکمران طبقے کے مفاد کا تقاضا ہو۔

In der Bourgeoisie Gesellschaft ist die lebendige Arbeit nur ein Mittel, um die akkumulierte Arbeit zu vermehren

بورژوازی معاشرے میں، زندہ محنت صرف جمع شدہ مزدوری کو بڑھانے کا ایک ذریعہ ہے

In der kommunistischen Gesellschaft ist die akkumulierte Arbeit nur ein Mittel, um die Existenz des Arbeiters zu erweitern, zu bereichern und zu fördern

کمیونسٹ معاشرے میں جمع شدہ محنت مزدور کے وجود کو وسعت دینے، مالا مال کرنے اور فروغ دینے کا ایک ذریعہ ہے۔

In der Bourgeoisie Gesellschaft dominiert daher die Vergangenheit die Gegenwart

بورژوازی معاشرے میں ماضی حال پر حاوی ہے۔

In der kommunistischen Gesellschaft dominiert die Gegenwart die Vergangenheit

کمیونسٹ معاشرے میں حال ماضی پر حاوی ہے

In der Bourgeoisie Gesellschaft ist das Kapital unabhängig und hat Individualität

بورژوازی معاشرے میں سرمایہ آزاد ہے اور انفرادیت رکھتا ہے۔

In der Bourgeoisie Gesellschaft ist der lebende Mensch abhängig und hat keine Individualität

بورژوازی معاشرے میں زندہ شخص منحصر ہے اور اس کی کوئی انفرادیت نہیں ہے۔

Und die Abschaffung dieses Zustandes wird von der Bourgeoisie als Abschaffung der Individualität und Freiheit bezeichnet!

اور اس حالت کے خاتمے کو بورژوازی، انفرادیت اور آزادی کا خاتمہ کہتے ہیں!

Und man nennt sie mit Recht die Abschaffung von Individualität und Freiheit!

اور اسے بجا طور پر انفرادیت اور آزادی کا خاتمہ کہا جاتا ہے!

Der Kommunismus strebt die Abschaffung der Bourgeoisie Individualität an

کمیونزم کا مقصد بورژوازی انفرادیت کا خاتمہ ہے ۔

Der Kommunismus strebt die Abschaffung der
Unabhängigkeit der Bourgeoisie an

کمیونزم بورژوازی کی آزادی کے خاتمے کا ارادہ رکھتا ہے

Die BourgeoisieFreiheit ist zweifellos das, was der
Kommunismus anstrebt

بورژوازی کی آزادی بلاشبہ کمیونزم کا مقصد ہے

unter den gegenwärtigen Bourgeoisie
Produktionsbedingungen bedeutet Freiheit freien Handel,
freien Verkauf und freien Kauf

پیداوار کے موجودہ بورژوازی حالات کے تحت ، آزادی کا مطلب آزاد
تجارت ، آزاد فروخت اور خریداری ہے۔

Aber wenn das Verkaufen und Kaufen verschwindet,
verschwindet auch das freie Verkaufen und Kaufen

لیکن اگر خرید و فروخت غائب ہو جائے تو مفت خرید و فروخت بھی
غائب ہو جاتی ہے۔

"Mutige Worte" der Bourgeoisie über den freien Verkauf
und Kauf haben nur eine begrenzte Bedeutung

بورژوازی کے مفت خرید و فروخت و فروخت کے بارے میں
بہادر الفاظ "صرف محدود معنوں میں معنی رکھتے ہیں۔"

Diese Worte haben nur im Gegensatz zu eingeschränktem
Verkauf und Kauf eine Bedeutung

یہ الفاظ محدود فروخت اور خرید و فروخت کے برعکس صرف معنی
رکھتے ہیں۔

und diese Worte haben nur dann eine Bedeutung, wenn sie
auf die gefesselten Händler des Mittelalters angewandt
werden

اور یہ الفاظ صرف اس وقت معنی رکھتے ہیں جب ان کا اطلاق قرون
وسطیٰ کے تاجروں پر ہوتا ہے۔

und das setzt voraus, dass diese Worte überhaupt eine
Bedeutung im Bourgeoisie Sinne haben

اور یہ فرض کرتا ہے کہ یہ الفاظ بورژوازی معنوں میں بھی معنی
رکھتے ہیں۔

aber diese Worte haben keine Bedeutung, wenn sie
gebraucht werden, um sich gegen die kommunistische
Abschaffung des Kaufens und Verkaufens zu wehren

لیکن ان الفاظ کا کوئی مطلب نہیں ہے جب انہیں خرید و فروخت کے کمیونسٹ انہدام کی مخالفت کرنے کے لئے استعمال کیا جا رہا ہے۔

die Worte haben keine Bedeutung, wenn sie gebraucht werden, um sich gegen die Abschaffung der Bourgeoisie Produktionsbedingungen zu wehren

ان الفاظ کا کوئی مطلب نہیں ہے جب انہیں بورژوازی کی پیداواری شرائط کو ختم کرنے کی مخالفت کرنے کے لئے استعمال کیا جا رہا ہے۔

und sie haben keine Bedeutung, wenn sie benutzt werden, um sich gegen die Abschaffung der Bourgeoisie selbst zu wehren

اور جب انہیں بورژوازی کے خاتمے کی مخالفت کرنے کے لئے استعمال کیا جا رہا ہے تو ان کا کوئی مطلب نہیں ہے۔

Sie sind entsetzt über unsere Absicht, das Privateigentum abzuschaffen

آپ ہماری نجی جائیداد کو ختم کرنے کے ارادے سے خوفزدہ ہیں

Aber in eurer jetzigen Gesellschaft ist das Privateigentum für neun Zehntel der Bevölkerung bereits abgeschafft

لیکن آپ کے موجودہ معاشرے میں آبادی کے دسویں حصے کے لیے نجی املاک پہلے ہی ختم ہو چکی ہیں۔

Die Existenz des Privateigentums für einige wenige beruht einzig und allein darauf, dass es in den Händen von neun Zehnteln der Bevölkerung nicht existiert

چند لوگوں کے لئے نجی ملکیت کا وجود صرف آبادی کے دسویں حصے کے ہاتھوں میں اس کی عدم موجودگی کی وجہ سے ہے۔

Sie werfen uns also vor, daß wir eine Form des Eigentums abschaffen wollen

لہٰذا آپ ہمیں اس نیت سے سے بدنام کرتے ہیں کہ کسی قسم کی جائیداد کو ختم کر دیا جائے۔

Aber das Privateigentum erfordert für die ungeheure Mehrheit der Gesellschaft die Nichtexistenz jeglichen Eigentums

لیکن نجی ملکیت معاشرے کی بڑی اکثریت کے لئے کسی بھی جائیداد کی عدم موجودگی کا تقاضا کرتی ہے۔

Mit einem Wort, Sie werfen uns vor, daß wir Ihr Eigentum beseitigen wollen

ایک لفظ میں، آپ ہمیں اپنی جائیداد کو ختم کرنے کے ارادے کے ساتھ ملامت کرتے ہیں

Und genau so ist es; Ihr Eigentum abzuschaffen, ist genau das, was wir beabsichtigen

اور بالکل ایسا ہی ہے۔ آپ کی جائیداد کو ختم کرنا وہی ہے جو ہم ارادہ رکھتے ہیں

Von dem Augenblick an, wo die Arbeit nicht mehr in Kapital, Geld oder Rente verwandelt werden kann

اس لمحے سے جب مزدوری کو سرمائے، پیسے یا کرایہ میں تبدیل نہیں کیا جا سکتا

wenn die Arbeit nicht mehr in eine gesellschaftliche Macht umgewandelt werden kann, die monopolisiert werden kann

جب مزدوروں کو ایک ایسی سماجی طاقت میں تبدیل نہیں کیا جا سکتا جو اجارہ داری کے قابل ہو۔

von dem Augenblick an, wo das individuelle Eigentum nicht mehr in Bourgeoisie Eigentum verwandelt werden kann

اس لمحے سے جب انفرادی ملکیت کو بورژوازی جائیداد میں تبدیل نہیں کیا جاسکتا ہے

von dem Augenblick an, wo das individuelle Eigentum nicht mehr in Kapital verwandelt werden kann

اس لمحے سے جب انفرادی ملکیت کو سرمائے میں تبدیل نہیں کیا جاسکتا ہے

Von diesem Moment an sagst du, dass die Individualität verschwindet

اس لمحے سے، آپ کہتے ہیں کہ انفرادیت غائب ہو جاتی ہے

Sie müssen also gestehen, daß Sie mit »Individuum« keine andere Person meinen als die Bourgeoisie

لہذا آپ کو اعتراف کرنا ہوگا کہ "فرد "سے آپ کا مطلب بورژوازی کے علاوہ کوئی اور شخص نہیں ہے۔

Sie müssen zugeben, dass es sich speziell auf den Bourgeoisie Eigentümer von Immobilien bezieht

آپ کو اعتراف کرنا ہوگا کہ یہ خاص طور پر جائیداد کے متوسط طبقے کے مالک کی طرف اشارہ کرتا ہے

Diese Person muss in der Tat aus dem Weg geräumt und unmöglich gemacht werden

درحقیقت اس شخص کو راستے سے نکال دیا جانا چاہیے اور ناممکن بنا دیا جانا چاہیے۔

Der Kommunismus beraubt niemanden der Macht, sich die Produkte der Gesellschaft anzueignen

کمیونزم کسی بھی شخص کو معاشرے کی مصنوعات پر قبضہ کرنے کی طاقت سے محروم نہیں کرتا

Alles, was der Kommunismus tut, ist, ihm die Macht zu nehmen, die Arbeit anderer durch eine solche Aneignung zu unterjochen

کمیونزم جو کچھ بھی کرتا ہے وہ یہ ہے کہ اسے اس طاقت سے محروم کر دیا جائے کہ وہ اس طرح کے استحصال کے ذریعے دوسروں کی محنت کو زیر کر سکے۔

Man hat eingewendet, daß mit der Abschaffung des Privateigentums alle Arbeit aufhören werde

اعتراض کیا گیا ہے کہ نجی املاک کے خاتمے پر تمام کام بند ہوجائیں گے۔

Und dann wird suggeriert, dass uns die universelle Faulheit überwältigen wird

اور پھر یہ تجویز کیا جاتا ہے کہ عالمگیر کاہلی ہم پر غالب آجائے گی۔

Demnach hätte die BourgeoisieGesellschaft schon längst vor lauter Müßiggang vor die Hunde gehen müssen

اس کے مطابق بورژوازی معاشرے کو بہت پہلے کتوں کے پاس جانا چاہیے تھا۔

denn diejenigen ihrer Mitglieder, die arbeiten, erwerben nichts

کیونکہ اس کے ارکان میں سے جو کام کرتے ہیں وہ کچھ حاصل نہیں کرتے ہیں

und diejenigen von ihren Mitgliedern, die etwas erwerben, arbeiten nicht

اور اس کے ارکان میں سے جو کچھ حاصل کرتے ہیں وہ کام نہیں کرتے۔

Der ganze Einwand ist nur ein weiterer Ausdruck der Tautologie

یہ سارا اعتراض صرف ٹوٹولوجی کا ایک اور اظہار ہے۔

Es kann keine Lohnarbeit mehr geben, wenn es kein Kapital mehr gibt

جب کوئی سرمایہ نہیں ہے تو اب کوئی اجرت مزدور نہیں ہو سکتا

Es gibt keinen Unterschied zwischen materiellen und mentalen Produkten

مادی مصنوعات اور ذہنی مصنوعات کے درمیان کوئی فرق نہیں ہے

Der Kommunismus schlägt vor, dass beides auf die gleiche Weise produziert wird

کمیونزم تجویز کرتا ہے کہ یہ دونوں ایک ہی طرح سے تیار کیے جاتے ہیں

aber die Einwände gegen die kommunistischen Produktionsweisen sind dieselben

لیکن ان کی پیداوار کے کمیونسٹ طریقوں کے خلاف اعتراضات ایک جیسے ہیں۔

Für die Bourgeoisie ist das Verschwinden des Klasseneigentums das Verschwinden der Produktion selbst

بورژوازی کے نزدیک طبقاتی املاک کا غائب ہونا خود پیداوار کا غائب ہونا ہے۔

So ist für ihn das Verschwinden der Klassenkultur identisch mit dem Verschwinden aller Kultur

لہٰذا طبقاتی ثقافت کا غائب ہونا ان کے نزدیک تمام ثقافتوں کے غائب ہونے کے مترادف ہے۔

Diese Kultur, deren Verlust er beklagt, ist für die überwiegende Mehrheit ein bloßes Training, um als Maschine zu agieren

وہ ثقافت، جس کے نقصان پر وہ افسوس کا اظہار کرتے ہیں، بڑی اکثریت کے لیے محض ایک مشین کے طور پر کام کرنے کی تربیت ہے۔

Die Kommunisten haben die Absicht, die Kultur des Bourgeoisie Eigentums abzuschaffen

کمیونسٹ بورژوازی جائیداد کی ثقافت کو ختم کرنے کا ارادہ رکھتے ہیں

Aber zankt euch nicht mit uns, solange ihr den Maßstab eurer Bourgeoisie Vorstellungen von Freiheit, Kultur, Recht usw. anlegt

لیکن جب تک آپ آزادی، ثقافت، قانون وغیرہ کے اپنے بورژوازی تصورات کے معیار کو لاگو کرتے ہیں تب تک ہم سے جھگڑا نہ کریں۔

Eure Ideen selbst sind nur die Auswüchse der Bedingungen eurer Bourgeoisie Produktion und eures Bourgeoisie Eigentums

آپ کے خیالات صرف آپ کی بورژوازی پیداوار اور بورژوازی کی ملکیت کے حالات سے باہر ہیں۔

so wie eure Jurisprudenz nichts anderes ist als der Wille eurer Klasse, der zum Gesetz für alle gemacht wurde

جیسا کہ آپ کی فقہ ہے لیکن آپ کے طبقے کی مرضی سب کے لئے ایک قانون بن گئی ہے

Der wesentliche Charakter und die Richtung dieses Willens werden durch die ökonomischen Bedingungen bestimmt, die Ihre soziale Klasse schafft

اس وصیت کے بنیادی کردار اور سمت کا تعین آپ کے سماجی طبقے کے پیدا کردہ معاشی حالات سے ہوتا ہے۔

Der selbstsüchtige Irrtum, der dich veranlaßt, soziale Formen in ewige Gesetze der Natur und der Vernunft zu verwandeln

وہ خود غرض غلط فہمی جو آپ کو معاشرتی شکلوں کو فطرت اور عقل کے ابدی قوانین میں تبدیل کرنے کی ترغیب دیتی ہے

die gesellschaftlichen Formen, die aus eurer gegenwärtigen Produktionsweise und Eigentumsform entspringen

آپ کی پیداوار کے موجودہ طریقہ کار اور جائیداد کی شکل سے جنم لینے والی سماجی شکلیں

historische Beziehungen, die im Fortschritt der Produktion auf- und verschwinden

تاریخی تعلقات جو پیداوار کی ترقی میں ابھرتے اور غائب ہوتے ہیں

Dieses Missverständnis teilt ihr mit jeder herrschenden Klasse, die euch vorausgegangen ist

یہ غلط فہمی آپ سے پہلے کے ہر حکمران طبقے کے ساتھ بانٹتے ہیں۔

Was Sie bei antikem Eigentum klar sehen, was Sie bei feudalem Eigentum zugeben

قدیم جائیداد کے معاملے میں آپ جو واضح طور پر دیکھتے ہیں، جاگیردارانہ جائیداد کے معاملے میں آپ کیا تسلیم کرتے ہیں

diese Dinge dürfen Sie natürlich nicht zugeben, wenn es sich um Ihre eigene BourgeoisieEigentumsform handelt

یہ چیزیں جو آپ کو اپنی بورژوازی قسم کی جائیداد کے معاملے میں قبول کرنے سے منع کیا گیا ہے

Abschaffung der Familie! Selbst die Radikalsten entrüsten sich über diesen infamen Vorschlag der Kommunisten

خاندان کا خاتمہ !یہاں تک کہ کمیونسٹوں کی اس بدنام زمانہ تجویز پر سب سے زیادہ شدت پسندانہ آگ بھڑک اٹھی۔

Auf welcher Grundlage beruht die heutige Familie, die BourgeoisieFamilie?

موجودہ خاندان، بورژوازی خاندان، کس بنیاد پر قائم ہے؟

Die Gründung der heutigen Familie beruht auf Kapital und privatem Gewinn

موجودہ خاندان کی بنیاد سرمائے اور نجی منافع پر مبنی ہے۔

In ihrer voll entwickelten Form existiert diese Familie nur unter der Bourgeoisie

اپنی مکمل طور پر ترقی یافتہ شکل میں یہ خاندان صرف بورژوازی میں موجود ہے۔

Dieser Zustand der Dinge findet seine Ergänzung in der praktischen Abwesenheit der Familie bei den Proletariern

یہ حالت پرولتاریہ میں خاندان کی عملی غیر موجودگی میں اس کی تکمیل پاتی ہے۔

Dieser Zustand ist in der öffentlichen Prostitution zu finden

چیزوں کی یہ حالت عوامی جسم فروشی میں پائی جا سکتی ہے

Die BourgeoisieFamilie wird wie selbstverständlich verschwinden, wenn ihr Komplement verschwindet

بورژوازی خاندان یقینا اس وقت غائب ہو جائے گا جب اس کی تکمیل ختم ہو جائے گی۔

Und beides wird mit dem Verschwinden des Kapitals verschwinden

اور یہ دونوں سرمائے کے غائب ہونے کے ساتھ غائب ہو جائیں گے۔

Werfen Sie uns vor, dass wir die Ausbeutung von Kindern durch ihre Eltern stoppen wollen?

کیا آپ ہم پر الزام عائد کرتے ہیں کہ ہم اپنے والدین کی طرف سے بچوں کے استحصال کو روکنا چاہتے ہیں؟

Diesem Verbrechen bekennen wir uns schuldig

اس جرم کا ہم اعتراف کرتے ہیں

Aber, werden Sie sagen, wir zerstören die heiligsten Beziehungen, wenn wir die häusliche Erziehung durch die soziale Erziehung ersetzen

لیکن، آپ کہیں گے، جب ہم گھریلو تعلیم کو سماجی تعلیم سے تبدیل کرتے ہیں تو ہم سب سے مقدس تعلقات کو تباہ کر دیتے ہیں۔

Ist Ihre Erziehung nicht auch sozial? Und wird sie nicht von den gesellschaftlichen Bedingungen bestimmt, unter denen man erzieht?

کیا آپ کی تعلیم بھی سماجی نہیں ہے؟ اور کیا اس کا تعین ان سماجی حالات سے نہیں ہوتا جن کے تحت آپ تعلیم حاصل کرتے ہیں؟

durch direkte oder indirekte Eingriffe in die Gesellschaft, durch Schulen usw.

معاشرے کی براہ راست یا بالواسطہ مداخلت کے ذریعے، اسکولوں وغیرہ کے ذریعے۔

Die Kommunisten haben die Einmischung der Gesellschaft in die Erziehung nicht erfunden

کمیونسٹوں نے تعلیم میں معاشرے کی مداخلت ایجاد نہیں کی ہے۔

Sie versuchen lediglich, den Charakter dieses Eingriffs zu ändern

وہ اس مداخلت کے کردار کو تبدیل کرنے کی کوشش کرتے ہیں

Und sie versuchen, das Bildungswesen vor dem Einfluss der herrschenden Klasse zu retten

اور وہ تعلیم کو حکمران طبقے کے اثر و رسوخ سے بچانے کی کوشش کرتے ہیں۔

Die Bourgeoisie spricht von der geheiligten Beziehung von Eltern und Kind

بورژوازی والدین اور بچے کے مقدس باہمی تعلق کی بات کرتی ہے

aber dieses Geschwätz über die Familie und die Erziehung wird um so widerwärtiger, wenn wir die moderne Industrie betrachten

لیکن جب ہم جدید صنعت پر نظر ڈالتے ہیں تو خاندان اور تعلیم کے بارے میں یہ تالیاں اور بھی گھناؤنی ہو جاتی ہیں۔

Alle Familienbande unter den Proletariern werden durch die moderne Industrie zerrissen

پرولتاریہ کے درمیان تمام خاندانی تعلقات جدید صنعت کی وجہ سے ٹوٹ چکے ہیں۔

ihre Kinder werden zu einfachen Handelsartikeln und
Arbeitsinstrumenten

ان کے بچے تجارت کے سادہ مضامین اور مزدوری کے آلات میں
تبدیل ہو جاتے ہیں۔

Aber ihr Kommunisten würdet eine Gemeinschaft von
Frauen schaffen, schreit die ganze Bourgeoisie im Chor

لیکن آپ کمیونسٹ عورتوں کی ایک کمیونٹی بنائیں گے، پوری
بورژوازی آواز میں چیختی ہے

Die Bourgeoisie sieht in seiner Frau ein bloßes
Produktionsinstrument

بورژوازی اپنی بیوی کو محض پیداوار کا آلہ سمجھتا ہے

Er hört, dass die Produktionsmittel von allen ausgebeutet
werden sollen

وہ سنتا ہے کہ پیداوار کے آلات سے سب کو فائدہ اٹھانا ہے

Und natürlich kann er zu keinem anderen Schluß kommen,
als daß das Los, allen gemeinsam zu sein, auch den Frauen
zufallen wird

اور فطری طور پر وہ اس نتیجے پر نہیں پہنچ سکتا کہ سب کے لیے
مشترک ہونے کی ذمہ داری بھی عورتوں پر عائد ہوگی۔

Er hat nicht einmal den geringsten Verdacht, dass es in
Wirklichkeit darum geht, die Stellung der Frau als bloße
Produktionsinstrumente abzuschaffen

انہیں یہ شک بھی نہیں ہے کہ اصل نکتہ یہ ہے کہ خواتین کی حیثیت
کو محض پیداوار کے آلات کے طور پر ختم کیا جائے۔

Im übrigen ist nichts lächerlicher als die tugendhafte
Empörung unserer Bourgeoisie über die Gemeinschaft der
Frauen

باقی لوگوں کے لئے، عورتوں کی برادری پر ہماری بورژوازی کے
نیک غصے سے زیادہ مضحکہ خیز کچھ بھی نہیں ہے۔

sie tun so, als ob sie von den Kommunisten offen und
offiziell eingeführt werden sollte

وہ دکھاوا کرتے ہیں کہ یہ کھلے عام اور سرکاری طور پر کمیونسٹوں
کی طرف سے قائم کیا گیا ہے

Die Kommunisten haben es nicht nötig, die Gemeinschaft
der Frauen einzuführen, sie existiert fast seit undenklichen
Zeiten

کمیونسٹوں کو خواتین کی برادری متعارف کرانے کی کوئی ضرورت نہیں ہے، یہ تقریبا قدیم زمانے سے موجود ہے۔

Unsere Bourgeoisie begnügt sich nicht damit, die Frauen und Töchter ihrer Proletarier zur Verfügung zu haben

ہماری بورژوازی اس بات سے مطمئن نہیں ہے کہ ان کے پرولتاریوں کی بیویاں اور بیٹیاں ان کے پاس ہیں۔

Sie haben das größte Vergnügen daran, ihre Frauen gegenseitig zu verführen

وہ ایک دوسرے کی بیویوں کو دھوکہ دینے میں سب سے زیادہ خوشی لیتے ہیں۔

Und das ist noch nicht einmal von gewöhnlichen Prostituierten zu sprechen

اور یہ عام طوائفوں کے بارے میں بات کرنے کے لئے بھی نہیں ہے

Die BourgeoisieEhe ist in Wirklichkeit ein System gemeinsamer Ehefrauen

بورژوازی شادی دراصل بیویوں کا ایک ایسا نظام ہے جو مشترک ہے۔

dann gibt es eine Sache, die man den Kommunisten vielleicht vorwerfen könnte

پھر ایک چیز ہے جس پر کمیونسٹوں کو ممکنہ طور پر ملامت کی جا سکتی ہے

Sie wollen eine offen legalisierte Gemeinschaft von Frauen einführen

وہ خواتین کی ایک کھلی قانونی برادری متعارف کروانا چاہتے ہیں

statt einer heuchlerisch verhüllten Gemeinschaft von Frauen

بجائے اس کے کہ خواتین کی منافقانہ طور پر پوشیدہ کمیونٹی

Die Gemeinschaft der Frauen, die aus dem Produktionssystem hervorgegangen ist

پیداوار کے نظام سے جنم لینے والی خواتین کی برادری

Schafft das Produktionssystem ab, und ihr schafft die Gemeinschaft der Frauen ab

پیداوار کے نظام کو ختم کریں، اور آپ عورتوں کی برادری کو ختم کریں

Sowohl die öffentliche Prostitution als auch die private Prostitution wird abgeschafft

عوامی جسم فروشی اور نجی جسم فروشی دونوں کو ختم کر دیا گیا ہے

Den Kommunisten wird noch dazu vorgeworfen, sie wollten Länder und Nationalitäten abschaffen

کمیونسٹوں کو ممالک اور قومیت کو ختم کرنے کی خواہش پر مزید ملامت کی جاتی ہے۔

Die Arbeiter haben kein Vaterland, also können wir ihnen nicht nehmen, was sie nicht haben

محنت کشوں کا کوئی ملک نہیں ہے، اس لیے ہم ان سے وہ نہیں لے سکتے جو انہیں نہیں ملا۔

Das Proletariat muss vor allem die politische Herrschaft erlangen

پرولتاریہ کو سب سے پہلے سیاسی بالادستی حاصل کرنی ہوگی

Das Proletariat muss sich zur führenden Klasse der Nation erheben

پرولتاریہ کو ملک کا سرکردہ طبقہ بننے کے لئے ابھرنا ہوگا

Das Proletariat muss sich zur Nation konstituieren

پرولتاریہ کو خود کو قوم بنانا ہوگا

sie ist bis jetzt selbst national, wenn auch nicht im Bourgeoisie Sinne des Wortes

یہ اب تک بذات خود قومی ہے، اگرچہ بورژوازی معنوں میں نہیں۔

Nationale Unterschiede und Gegensätze zwischen den Völkern verschwinden täglich mehr und mehr

لوگوں کے درمیان قومی اختلافات اور دشمنیاں روز بروز ختم ہوتی جا رہی ہیں۔

der Entwicklung der Bourgeoisie, der Freiheit des Handels, des Weltmarktes

بورژوازی کی ترقی، تجارت کی آزادی، عالمی منڈی کی وجہ سے

zur Gleichförmigkeit der Produktionsweise und der ihr entsprechenden Lebensbedingungen

پیداوار کے طریقہ کار اور اس کے مطابق زندگی کے حالات میں یکسانیت

Die Herrschaft des Proletariats wird sie noch schneller verschwinden lassen

پرولتاریہ کی بالادستی انہیں تیزی سے غائب کرنے کا سبب بنے گی

Die einheitliche Aktion, wenigstens der führenden zivilisierten Länder, ist eine der ersten Bedingungen für die Befreiung des Proletariats

کم از کم معروف مہذب ممالک کی مشترکہ کارروائی پرولتاریہ کی
آزادی کے لئے پہلی شرائط میں سے ایک ہے۔

In dem Maße, wie der Ausbeutung eines Individuums durch
ein anderes ein Ende gesetzt wird, wird auch der
Ausbeutung einer Nation durch eine andere ein Ende
gesetzt.

جس تناسب سے ایک فرد کے ذریعہ دوسرے فرد کے استحصال کو
ختم کیا جائے گا ، اسی تناسب سے ایک قوم کے ذریعہ دوسری قوم کا
استحصال بھی ختم ہوجائے گا۔

In dem Maße, wie der Antagonismus zwischen den Klassen
innerhalb der Nation verschwindet, wird die Feindschaft
einer Nation gegen die andere ein Ende haben

جس تناسب سے قوم کے اندر طبقات کے درمیان دشمنی ختم ہو جائے
گی، ایک قوم کی دوسری قوم سے دشمنی ختم ہو جائے گی۔

Die Anschuldigungen gegen den Kommunismus, die von
einem religiösen, philosophischen und allgemein von einem
ideologischen Standpunkt aus erhoben werden, verdienen
keine ernsthafte Prüfung

کمیونزم کے خلاف مذہبی، فلسفیانہ اور عام طور پر نظریاتی نقطہ نظر
سے لگائے گئے الزامات سنجیدہ جانچ کے مستحق نہیں ہیں۔

Braucht es eine tiefe Intuition, um zu begreifen, dass sich
die Ideen, Ansichten und Vorstellungen des Menschen mit
jeder Veränderung der Bedingungen seiner materiellen
Existenz ändern?

کیا یہ سمجھنے کے لئے گہری بصیرت کی ضرورت ہے کہ انسان
کے خیالات، نظریات اور تصورات اس کے مادی وجود کے حالات
میں ہر تبدیلی کے ساتھ تبدیل ہوتے رہتے ہیں؟

Ist es nicht offensichtlich, dass das Bewusstsein des
Menschen sich Verändert, wenn seine sozialen Beziehungen
und sein soziales Leben ändern?

کیا یہ واضح نہیں ہے کہ انسان کا شعور اس وقت تبدیل ہوتا ہے جب
اس کے سماجی تعلقات اور اس کی معاشرتی زندگی تبدیل ہوتی ہے؟

Was beweist die Ideengeschichte anderes, als daß die
geistige Produktion ihren Charakter in dem Maße ändert,
wie die materielle Produktion verändert wird?

خیالات کی تاریخ اس کے علاوہ اور کیا ثابت کرتی ہے کہ مادی
پیداوار کے تناسب سے فکری پیداوار اپنے کردار کو تبدیل کرتی ہے؟

Die herrschenden Ideen eines jeden Zeitalters waren immer die Ideen seiner herrschenden Klasse

ہر دور کے حکمران نظریات ہمیشہ سے اس کے حکمران طبقے کے
خیالات رہے ہیں۔

Wenn Menschen von Ideen sprechen, die die Gesellschaft revolutionieren, drücken sie nur eine Tatsache aus

جب لوگ معاشرے میں انقلاب لانے والے خیالات کی بات کرتے ہیں
تو وہ صرف ایک حقیقت کا اظہار کرتے ہیں۔

Innerhalb der alten Gesellschaft wurden die Elemente einer neuen geschaffen

پرانے معاشرے کے اندر، ایک نئے معاشرے کے عناصر پیدا ہوئے
ہیں

und daß die Auflösung der alten Ideen mit der Auflösung der alten Daseinsverhältnisse Schritt hält

اور یہ کہ پرانے خیالات کی تحلیل وجود کے پرانے حالات کی تحلیل
کے ساتھ بھی چلتی رہتی ہے۔

Als die Antike in den letzten Zügen lag, wurden die alten Religionen vom Christentum überwunden

جب قدیم دنیا اپنے آخری مراحل میں تھی، تو قدیم مذاہب پر عیسائیت
نے غلبہ پا لیا تھا۔

Als die christlichen Ideen im 18. Jahrhundert den rationalistischen Ideen erlagen, kämpfte die feudale Gesellschaft ihren Todeskampf mit der damals revolutionären Bourgeoisie

اٹھارہویں صدی میں جب عیسائی نظریات عقلی نظریات کے آگے
جھک گئے تو جاگیردارانہ معاشرے نے اس وقت کے انقلابی
بورژوازی کے ساتھ اپنی موت کی جنگ لڑی۔

Die Ideen der Religions- und Gewissensfreiheit brachten lediglich die Herrschaft des freien Wettbewerbs auf dem Gebiet des Wissens zum Ausdruck

مذہبی آزادی اور ضمیر کی آزادی کے تصورات نے علم کے دائرے
میں آزاد مسابقت کے غلبے کو محض اظہار دیا۔

"Zweifellos", wird man sagen, "sind religiöse, moralische, philosophische und juristische Ideen im Laufe der geschichtlichen Entwicklung modifiziert worden"

،یہ کہا جائے گا کہ "بلاشبہ تاریخی ترقی کے دوران مذہبی، اخلاقی فلسفیانہ اور قانونی نظریات میں تبدیلی ان کی گئی ہیں۔

"Aber Religion, Moralphilosophie, Politikwissenschaft und Recht überlebten diesen Wandel ständig."

لیکن مذہب، اخلاقیات کا فلسفہ، سیاسیات اور قانون اس تبدیلی سے مسلسل بچ گئے۔

"Es gibt auch ewige Wahrheiten, wie Freiheit, Gerechtigkeit usw."

"ابدی سچائیاں بھی ہیں، جیسے آزادی، انصاف، وغیرہ"

"Diese ewigen Wahrheiten sind allen Zuständen der Gesellschaft gemeinsam"

"یہ ابدی سچائیاں معاشرے کی تمام ریاستوں میں مشترک ہیں"

"Aber der Kommunismus schafft die ewigen Wahrheiten ab, er schafft alle Religion und alle Moral ab."

لیکن کمیونزم ابدی سچائیوں کو ختم کر دیتا ہے، یہ تمام مذہب اور تمام اخلاقیات کو ختم کر دیتا ہے۔

"Sie tut dies, anstatt sie auf einer neuen Grundlage zu konstituieren"

"یہ انہیں ایک نئی بنیاد پر تشکیل دینے کے بجائے ایسا کرتا ہے"

"Sie handelt daher im Widerspruch zu allen bisherigen historischen Erfahrungen"

لہٰذا یہ ماضی کے تمام تاریخی تجربات کے منافی ہے۔

Worauf reduziert sich dieser Vorwurf?

یہ الزام خود کو کس چیز تک محدود کرتا ہے؟

Die Geschichte aller vergangenen Gesellschaften hat in der Entwicklung von Klassengegensätzen bestanden

ماضی کے تمام معاشروں کی تاریخ طبقاتی دشمنیوں کی نشوونما پر مشتمل رہی ہے۔

Antagonismen, die in verschiedenen Epochen unterschiedliche Formen annahmen

دشمنیاں جنہوں نے مختلف ادوار میں مختلف شکلیں اختیار کیں

Aber welche Form sie auch immer angenommen haben mögen, eine Tatsache ist allen vergangenen Zeitaltern gemeinsam

لیکن انہوں نے جو بھی شکل اختیار کی ہو، ایک حقیقت پچھلی عمر کے تمام لوگوں کے لئے مشترک ہے۔

die Ausbeutung eines Teils der Gesellschaft durch den anderen

معاشرے کے ایک حصے کا دوسرے حصے کا استحصال

Kein Wunder also, dass sich das gesellschaftliche Bewußtsein vergangener Zeiten innerhalb gewisser allgemeiner Formen oder allgemeiner Vorstellungen bewegt

اس میں کوئی تعجب کی بات نہیں ہے کہ ماضی کا سماجی شعور کچھ عام شکلوں یا عام خیالات کے اندر گھومتا ہے۔

(und das trotz aller Vielfalt und Vielfalt, die es zeigt)

(اور یہ تمام کثرت اور تنوع کے باوجود ہے جو اس میں ظاہر ہوتا ہے)

Und diese können nur mit dem gänzlichen Verschwinden der Klassengegensätze völlig verschwinden

اور طبقاتی دشمنیوں کے مکمل طور پر غائب ہونے کے سوا یہ مکمل طور پر ختم نہیں ہو سکتے۔

Die kommunistische Revolution ist der radikalste Bruch mit den traditionellen Eigentumsverhältnissen

کمیونسٹ انقلاب روایتی جائیداد کے تعلقات کے ساتھ سب سے زیادہ انقلابی ٹوٹ پھوٹ ہے

Kein Wunder, dass ihre Entwicklung den radikalsten Bruch mit den traditionellen Vorstellungen mit sich bringt

کوئی تعجب کی بات نہیں ہے کہ اس کی ترقی میں روایتی خیالات کے ساتھ سب سے زیادہ انقلابی ٹوٹ پھوٹ شامل ہے۔

Aber lassen wir die Einwände der Bourgeoisie gegen den Kommunismus hinter uns

لیکن آئیے کمیونزم پر بورژوازی کے اعتراضات کے ساتھ کیا کریں

Wir haben oben den ersten Schritt der Arbeiterklasse in der Revolution gesehen

ہم نے محنت کش طبقے کی طرف سے انقلاب کے پہلے قدم کو اوپر دیکھا ہے۔

Das Proletariat muss zur Herrschaft erhoben werden, um den Kampf der Demokratie zu gewinnen

جمہوریت کی جنگ جیتنے کے لیے پرولتاریہ کو حکمران کے عہدے تک پہنچانا ہوگا

Das Proletariat wird seine politische Vorherrschaft benutzen, um der Bourgeoisie nach und nach alles Kapital zu entreißen

پرولتاریہ اپنی سیاسی بالادستی کو استعمال کرتے ہوئے بورژوازی سے تمام سرمائے چھین لے گا۔

sie wird alle Produktionsmittel in den Händen des Staates zentralisieren

یہ پیداوار کے تمام آلات کو ریاست کے ہاتھوں میں مرکزیت دے گا۔

Mit anderen Worten, das Proletariat organisierte sich als herrschende Klasse

دوسرے لفظوں میں، پرولتاریہ حکمران طبقے کے طور پر منظم ہوا

Und sie wird die Summe der Produktivkräfte so schnell wie möglich vermehren

اور یہ جتنی جلدی ممکن ہو پیداواری قوتوں کی کل تعداد میں اضافہ کرے گا

Natürlich kann dies anfangs nur durch despotische Eingriffe in die Eigentumsrechte geschehen

یقیناً، ابتدا ء میں، یہ جائیداد کے حقوق پر مطلق العنان مداخلت کے بغیر اثر انداز نہیں کیا جا سکتا ہے۔

und sie muss unter den Bedingungen der Bourgeoisie Produktion erreicht werden

اور اسے بورژوازی پیداوار کی شرائط پر حاصل کرنا ہوگا۔

Sie wird also durch Maßnahmen erreicht, die wirtschaftlich unzureichend und unhaltbar erscheinen

لہذا یہ اقدامات کے ذریعہ حاصل کیا جاتا ہے ، جو معاشی طور پر ناکافی اور ناقابل برداشت دکھائی دیتے ہیں۔

aber diese Mittel überflügeln sich im Laufe der Bewegung selbst

لیکن ان کا مطلب یہ ہے کہ تحریک کے دوران خود کو پیچھے چھوڑ دیتے ہیں۔

sie erfordern weitere Eingriffe in die alte Gesellschaftsordnung

انہیں پرانے سماجی نظام پر مزید قدم جمانے کی ضرورت ہے۔

und sie sind unvermeidlich, um die Produktionsweise völlig zu revolutionieren

اور وہ پیداوار کے طریقہ کار کو مکمل طور پر انقلاب ی شکل دینے کے ذریعہ کے طور پر ناگزیر ہیں۔

Diese Maßnahmen werden natürlich in den verschiedenen Ländern unterschiedlich sein

یہ اقدامات یقینا مختلف ممالک میں مختلف ہوں گے۔

Nichtsdestotrotz wird in den am weitesten fortgeschrittenen Ländern das Folgende ziemlich allgemein anwendbar sein

تاہم، سب سے زیادہ ترقی یافتہ ممالک میں، مندرجہ ذیل عام طور پر لاگو ہوں گے.

1. Abschaffung des Grundeigentums und Verwendung aller Grundrenten für öffentliche Zwecke.

زمین میں جائیداد کا خاتمہ اور عوامی مقاصد کے لئے زمین کے تمام کرایوں کا اطلاق۔

2. Eine hohe progressive oder abgestufte Einkommensteuer.

بھاری ترقی پسند یا گریجویٹ انکم ٹیکس.

3. Abschaffung jeglichen Erbrechts.

وراثت کے تمام حقوق کا خاتمہ۔

4. Konfiskation des Eigentums aller Emigranten und Rebellen.

تمام تارکین وطن اور باغیوں کی جائیداد ضبط کرنا۔

5. Zentralisierung des Kredits in den Händen des Staates durch eine Nationalbank mit staatlichem Kapital und ausschließlichem Monopol.

ریاست کے سرمائے اور خصوصی اجارہ داری کے ساتھ ایک قومی بینک کے ذریعے ریاست کے ہاتھوں میں کریڈٹ کی مرکزیت۔

6. Zentralisierung der Kommunikations- und Transportmittel in den Händen des Staates.

ریاست کے ہاتھوں میں مواصلات اور نقل و حمل کے ذرائع کی مرکزیت۔

7. Ausbau der Fabriken und Produktionsmittel im Eigentum des Staates

ریاست کی ملکیت والی فیکٹریوں اور پیداواری آلات کی توسیع

die Kultivierung von Ödland und die Verbesserung des Bodens überhaupt nach einem gemeinsamen Plan.

بنجر زمینوں کی کاشت میں لانا، اور عام طور پر ایک مشترکہ
منصوبے کے مطابق مٹی کی بہتری.

8. Gleiche Haftung aller für die Arbeit

مزدوروں کے لئے سب کی مساوی ذمہ داری

Aufbau von Industriearmeen, vor allem für die Landwirtschaft.

صنعتی افواج کا قیام، خاص طور پر زراعت کے لئے۔

9. Kombination der Landwirtschaft mit dem verarbeitenden Gewerbe

مینوفیکچرنگ صنعتوں کے ساتھ زراعت کا امتزاج

allmähliche Aufhebung der Unterscheidung zwischen Stadt und Land durch eine gleichmäßigere Verteilung der Bevölkerung über das Land.

شہر اور ملک کے درمیان فرق کو بتدریج ختم کرنا ، ملک بھر میں
آبادی کی زیادہ قابل اعتماد تقسیم کے ذریعہ۔

10. Kostenlose Bildung für alle Kinder in öffentlichen Schulen.

سرکاری اسکولوں میں تمام بچوں کے لئے مفت تعلیم۔

Abschaffung der Kinderfabrikarbeit in ihrer jetzigen Form

بچوں کی فیکٹریوں کی مزدوری کا موجودہ شکل میں خاتمہ

Kombination von Bildung und industrieller Produktion

صنعتی پیداوار کے ساتھ تعلیم کا امتزاج

Wenn im Laufe der Entwicklung die Klassenunterschiede verschwunden sind

جب ترقی کے دوران طبقاتی تفریق ختم ہو گئی ہے

und wenn die ganze Produktion in den Händen einer ungeheuren Assoziation der ganzen Nation konzentriert ist

اور جب ساری پیداوار پوری قوم کی ایک وسیع انجمن کے ہاتھوں میں
مرکوز ہو گئی ہو۔

dann verliert die Staatsgewalt ihren politischen Charakter

پھر عوامی طاقت اپنا سیاسی کردار کھو دے گی۔

Politische Macht, eigentlich so genannt, ist nichts anderes als die organisierte Macht einer Klasse, um eine andere zu unterdrücken

سیاسی طاقت، جسے مناسب طور پر کہا جاتا ہے، صرف ایک طبقے
کی منظم طاقت ہے جو دوسرے پر ظلم کرتی ہے۔

Wenn das Proletariat in seinem Kampf mit der Bourgeoisie
durch die Gewalt der Umstände gezwungen ist, sich als
Klasse zu organisieren

اگر بورژوازی کے ساتھ اپنے مقابلے کے دوران پرولتاریہ حالات کے
زور پر خود کو ایک طبقے کے طور پر منظم کرنے پر مجبور ہو
جائے۔

wenn sie sich durch eine Revolution zur herrschenden
Klasse macht

اگر انقلاب کے ذریعے وہ خود کو حکمران طبقہ بنا لے۔

und als solche fegt sie mit Gewalt die alten
Produktionsbedingungen hinweg

اور، اس طرح، یہ پیداوار کے پرانے حالات کو زبردستی ختم کر دیتا
ہے

dann wird sie mit diesen Bedingungen auch die
Bedingungen für die Existenz der Klassengegensätze und
der Klassen überhaupt hinweggefegt haben

پھر اس نے ان حالات کے ساتھ ساتھ طبقاتی دشمنیوں اور عام طور پر
طبقات کے وجود کے حالات کو ختم کر دیا ہوگا۔

und wird damit seine eigene Vorherrschaft als Klasse
aufgehoben haben.

اور اس طرح ایک طبقے کے طور پر اپنی بالادستی کو ختم کر دیں
گے۔

An die Stelle der alten Bourgeoisie Gesellschaft mit ihren
Klassen und Klassengegensätzen treten eine Assoziation

پرانے بورژوازی معاشرے کی جگہ، اس کے طبقاتی اور طبقاتی
دشمنیوں کے ساتھ، ہماری ایک انجمن ہوگی۔

eine Assoziation, in der die freie Entwicklung eines jeden
die Bedingung für die freie Entwicklung aller ist

ایک انجمن جس میں ہر ایک کی آزاد ترقی سب کی آزاد ترقی کے لئے
شرط ہے

1) Reaktionärer Sozialismus

رجعتی سوشلزم

a) Feudaler Sozialismus

الف (جاگیردارانہ سوشلزم

**die Aristokratien Frankreichs und Englands hatten eine
einzigartige historische Stellung**

فرانس اور انگلستان کی اریسٹوکریسیز کو ایک منفرد تاریخی مقام
حاصل تھا۔

**es wurde zu ihrer Berufung, Pamphlete gegen die moderne
Boureoisie Gesellschaft zu schreiben**

جدید بورژوازی معاشرے کے خلاف پمفلٹ لکھنا ان کا پیشہ بن گیا۔

**In der französischen Revolution vom Juli 1830 und in der
englischen Reformagitation**

جولائی 1830 کے فرانسیسی انقلاب میں ، اور انگریزوں کی
اصلاحاتی تحریک میں۔

**Diese Aristokratien erlagen wieder dem hasserfüllten
Emporkömmling**

یہ آرسٹوکریسیز ایک بار پھر نفرت انگیز اپ اسٹارٹ کے سامنے
جھک گئے

**An eine ernsthafte politische Auseinandersetzung war
fortan nicht mehr zu denken**

اس کے بعد، ایک سنجیدہ سیاسی مقابلہ مکمل طور پر سوال سے باہر
تھا.

**Alles, was möglich blieb, war eine literarische Schlacht,
keine wirkliche Schlacht**

جو کچھ بھی ممکن رہا وہ ادبی جنگ تھی، حقیقی جنگ نہیں۔

**Aber auch auf dem Gebiet der Literatur waren die alten
Schreie der Restaurationszeit unmöglich geworden**

لیکن ادب کے میدان میں بھی بحالی کے دور کی پرانی چیخیں ناممکن
ہو چکی تھیں۔

**Um Sympathie zu erregen, mußte die Aristokratie offenbar
ihre eigenen Interessen aus den Augen verlieren**

ہمدردی پیدا کرنے کے لیے اشرافیہ کو مجبور کیا گیا کہ وہ بظاہر
اپنے مفادات سے غافل ہو جائیں۔

und sie waren gezwungen, ihre Anklage gegen die
Bourgeoisie im Interesse der ausgebeuteten Arbeiterklasse
zu formulieren

اور وہ استحصال زدہ محنت کش طبقے کے مفاد میں بورژوازی کے
خلاف اپنی فرد جرم عائد کرنے کے پابند تھے۔

So rächte sich die Aristokratie, indem sie ihren neuen Herrn
verspottete

اس طرح اشرافیہ نے اپنے نئے آقا پر لیمپون گا کر اپنا بدلہ لے لیا۔

Und sie rächten sich, indem sie ihm unheimliche
Prophezeiungen über die kommende Katastrophe ins Ohr
flüsterten

اور انہوں نے اس کے کانوں میں آنے والی تباہی کی خوفناک
پیشگوئیاں کرکے اپنا بدلہ لیا۔

So entstand der feudale Sozialismus: halb Klage, halb Spott

اس طرح جاگیردارانہ سوشلزم نے جنم لیا :آدھا ماتم، آدھا لیمپون

Es klang halb wie ein Echo der Vergangenheit und
projizierte halb die Bedrohung der Zukunft

یہ ماضی کی آدھی گونج کی طرح گونجتا ہے، اور مستقبل کے آدھے
خطرے کی پیش گوئی کرتا ہے۔

zuweilen traf sie durch ihre bittere, geistreiche und scharfe
Kritik die Bourgeoisie bis ins Mark

بعض اوقات، اپنی تلخ، مضحکہ خیز اور تیز تنقید کے ذریعے، اس نے
بورژوازی کو دل کی گہرائیوں تک پہنچا دیا۔

aber es war immer lächerlich in seiner Wirkung, weil es
völlig unfähig war, den Gang der neueren Geschichte zu
begreifen

لیکن یہ اپنے اثر میں ہمیشہ مضحکہ خیز تھا، جدید تاریخ کے سفر کو
سمجھنے کی مکمل نااہلی کے ذریعے۔

Die Aristokratie schwenkte, um das Volk um sich zu
scharen, den proletarischen Almosensack als Banner

اشرافیہ نے لوگوں کو اپنی طرف راغب کرنے کے لیے ایک بینر کے
سامنے پرولتاریہ کا بھیک بیگ لہرایا۔

Aber das Volk, so oft es sich zu ihnen gesellte, sah auf
seinem Hinterteil die alten Feudalwappen

لیکن لوگوں نے، جب وہ ان کے ساتھ شامل ہوتے تھے، اپنے پچھلے
کوارٹرز پر پرانے جاگیردارانہ ہتھیاروں کے کوٹ دیکھے۔

Und sie verließen mit lautem und respektlosem Gelächter

اور وہ زور دار اور مضحکہ خیز ہنسی کے ساتھ وہاں سے چلے گئے۔

Ein Teil der französischen Legitimisten und des "jungen Englands" zeigte dieses Schauspiel

فرانسیسی قانون دانوں اور "ینگ انگلینڈ "کے ایک حصے نے اس تماشے کی نمائش کی۔

die Feudalisten wiesen darauf hin, dass ihre Ausbeutungsweise eine andere sei als die der Bourgeoisie

جاگیرداروں نے نشاندہی کی کہ ان کے استحصال کا طریقہ بورژوازی سے مختلف ہے۔

Die Feudalisten vergessen, dass sie unter ganz anderen Umständen und Bedingungen ausgebeutet haben

جاگیردار بھول جاتے ہیں کہ انہوں نے ان حالات اور حالات میں استحصال کیا جو بالکل مختلف تھے۔

Und sie haben nicht bemerkt, dass solche Methoden der Ausbeutung heute veraltet sind

اور انہوں نے یہ نہیں دیکھا کہ استحصال کے ایسے طریقے اب پرانے ہو چکے ہیں۔

Sie zeigten, dass unter ihrer Herrschaft das moderne Proletariat nie existiert hat

انہوں نے ظاہر کیا کہ ان کے دور حکومت میں جدید پرولتاریہ کا کبھی وجود ہی نہیں تھا۔

aber sie vergessen, daß die moderne Bourgeoisie der notwendige Sprößling ihrer eigenen Gesellschaftsform ist

لیکن وہ یہ بھول جاتے ہیں کہ جدید بورژوازی ان کے اپنے معاشرے کی ضروری اولاد ہے۔

Im übrigen verbergen sie kaum den reaktionären Charakter ihrer Kritik

باقی لوگوں کے لیے، وہ شاید ہی اپنی تنقید کے رجعتی کردار کو چھپاتے ہیں۔

ihre Hauptanklage gegen die Bourgeoisie läuft auf folgendes hinaus

بورژوازی کے خلاف ان کا سب سے بڑا الزام درج ذیل ہے۔

unter dem Boureoisie Regime entwickelt sich eine soziale Klasse

بورژوازی حکومت کے تحت ایک سماجی طبقہ تیار ہو رہا ہے

Diese soziale Klasse ist dazu bestimmt, die alte Gesellschaftsordnung an der Wurzel zu zerschneiden

یہ سماجی طبقہ معاشرے کے پرانے نظام کی جڑوں کو کاٹنے اور شاخیں توڑنے کا مقدر ہے۔

Womit sie die Bourgeoisie aufpeppen, ist nicht so sehr, dass sie ein Proletariat schafft

وہ بورژوازی کو جس چیز سے متاثر کرتے ہیں وہ اتنا نہیں ہے کہ اس سے پرولتاریہ پیدا ہو۔

womit sie die Bourgeoisie aufpeppen, ist mehr, dass sie ein revolutionäres Proletariat schafft

انہوں نے بورژوازی کو جس چیز سے متاثر کیا وہ یہ ہے کہ اس سے ایک انقلابی پرولتاریہ پیدا ہوتا ہے۔

In der politischen Praxis beteiligen sie sich daher an allen Zwangsmaßnahmen gegen die Arbeiterklasse

لہٰذا سیاسی عمل میں وہ محنت کش طبقے کے خلاف تمام جبری اقدامات میں شامل ہو جاتے ہیں۔

Und im gewöhnlichen Leben bücken sie sich, trotz ihrer hochtrabenden Phrasen, um die goldenen Äpfel aufzuheben, die vom Baum der Industrie fallen gelassen wurden

اور عام زندگی میں، اپنے اعلیٰ شہرت یافتہ جملے کے باوجود، وہ صنعت کے درخت سے گرائے گئے سنہری سیب اٹھانے کے لیے جھک جاتے ہیں۔

Und sie tauschen Wahrheit, Liebe und Ehre gegen den Handel mit Wolle, Rote-Bete-Zucker und Kartoffelbränden

اور وہ اون، چقندر کی چینی اور آلو کی روحوں میں تجارت کے لئے سچائی، محبت اور عزت کا تبادلہ کرتے ہیں۔

Wie der Pfarrer immer Hand in Hand mit dem Gutsherrn gegangen ist, so ist es der klerikale Sozialismus mit dem feudalen Sozialismus getan

جس طرح پارسن نے کبھی جاگیردار کے ساتھ ہاتھ ملا کر کام کیا ہے، اسی طرح جاگیردارانہ سوشلزم کے ساتھ کلیریکل سوشلزم بھی ہوا ہے۔

Nichts ist leichter, als der christlichen Askese einen sozialistischen Anstrich zu geben

مسیحی توحید کو سوشلسٹ رنگ دینے سے زیادہ آسان کچھ بھی نہیں ہے

Hat nicht das Christentum gegen das Privateigentum, gegen die Ehe, gegen den Staat deklamiert?

کیا مسیحیت نے نجی املاک، شادی کے خلاف اور ریاست کے خلاف دعویٰ نہیں کیا؟

Hat das Christentum nicht an die Stelle dieser Nächstenliebe und Armut getreten?

کیا مسیحیت نے ان کی جگہ خیرات اور غربت کی تبلیغ نہیں کی؟

Predigt das Christentum nicht den Zölibat und die Abtötung des Fleisches, das monastische Leben und die Mutter Kirche?

کیا مسیحیت بربمچاری اور جسم، خانقاہی زندگی اور مدر چرچ کی تدفین کی تبلیغ نہیں کرتی؟

Der christliche Sozialismus ist nur das Weihwasser, mit dem der Priester das Herzbrennen des Aristokraten weiht

عیسائی سوشلزم صرف وہ مقدس پانی ہے جس سے پادری اشرافیہ کے دل کی جلن کو مقدس بناتا ہے۔

b) Kleinbürgerlicher Sozialismus

ب (پیٹی بورژوا سوشلزم

Die feudale Aristokratie war nicht die einzige Klasse, die
von der Bourgeoisie ruiniert wurde

جاگیردارانہ اشرافیہ واحد طبقہ نہیں تھا جسے بورژوازی نے تباہ کر
دیا تھا۔

sie war nicht die einzige Klasse, deren Existenzbedingungen
in der Atmosphäre der modernen Bourgeoisie Gesellschaft
schmachten und zugrunde gingen

یہ واحد طبقہ نہیں تھا جس کے وجود کے حالات جدید بورژوازی
معاشرے کے ماحول میں ختم اور تباہ ہو گئے۔

Die mittelalterliche Bürgerschaft und die kleinbäuerlichen
Eigentümer waren die Vorläufer des modernen Bourgeoisie

قرون وسطی کے برجیس اور چھوٹے کسان مالکان جدید بورژوازی
کے پیش رو تھے۔

In den Ländern, die industriell und kommerziell nur wenig
entwickelt sind, vegetieren diese beiden Klassen noch Seite
an Seite

ان ممالک میں جو صنعتی اور تجارتی طور پر بہت کم ترقی یافتہ ہیں،
یہ دونوں طبقات اب بھی ایک دوسرے کے شانہ بشانہ رہتے ہیں۔

und in der Zwischenzeit erhebt sich die Bourgeoisie neben
ihnen: industriell, kommerziell und politisch

اور اس دوران بورژوازی ان کے بغل میں کھڑی ہو گئی :صنعتی،
تجارتی اور سیاسی طور پر۔

In den Ländern, in denen die moderne Zivilisation voll
entwickelt ist, hat sich eine neue Klasse des
Kleinbourgeoisie gebildet

جن ممالک میں جدید تہذیب مکمل طور پر ترقی یافتہ ہو چکی ہے، وہاں
چھوٹی بورژوازی کا ایک نیا طبقہ تشکیل پا چکا ہے۔

diese neue soziale Klasse schwankt zwischen Proletariat
und Bourgeoisie

یہ نیا سماجی طبقہ پرولتاریہ اور بورژوازی کے درمیان اتار چڑھاؤ
کرتا ہے

und sie erneuert sich ständig als ergänzender Teil der
Bourgeoisie Gesellschaft

اور یہ ہمیشہ بورژوازی معاشرے کے ایک ضمنی حصے کے طور پر خود کو تجدید کرتا رہتا ہے۔

Die einzelnen Glieder dieser Klasse aber werden fortwährend in das Proletariat hinabgeschleudert

تاہم، اس طبقے کے انفرادی ارکان کو مسلسل پرولتاریہ میں پھینکدیا جا رہا ہے۔

sie werden vom Proletariat durch die Einwirkung der Konkurrenz aufgesaugt

انہیں مسابقت کے عمل کے ذریعے پرولتاریہ کے ذریعے چوس لیا جاتا ہے

In dem Maße, wie sich die moderne Industrie entwickelt, sehen sie sogar den Augenblick herannahen, in dem sie als eigenständiger Teil der modernen Gesellschaft völlig verschwinden wird

جیسے جیسے جدید صنعت ترقی کرتی ہے وہ وہ لمحہ بھی قریب آتے ہوئے دیکھتے ہیں جب وہ جدید معاشرے کے ایک آزاد حصے کے طور پر مکمل طور پر غائب ہوجائیں گے۔

Sie werden in der Manufaktur, in der Landwirtschaft und im Handel durch Aufseher, Gerichtsvollzieher und Krämer ersetzt werden

ان کی جگہ مینوفیکچرنگ، زراعت اور تجارت میں نظر انداز کرنے والے، بیلف اور دکاندار لے لیں گے۔

In Ländern wie Frankreich, wo die Bauern weit mehr als die Hälfte der Bevölkerung ausmachen

فرانس جیسے ممالک میں، جہاں کسان آبادی کا نصف سے کہیں زیادہ ہیں

es war natürlich, dass es Schriftsteller gab, die sich auf die Seite des Proletariats gegen die Bourgeoisie stellten

یہ فطری بات تھی کہ ایسے لکھاری موجود ہیں جو بورژوازی کے خلاف پرولتاریہ کا ساتھ دیتے ہیں۔

in ihrer Kritik am Bourgeoisie Regime benutzten sie den Maßstab des Bauern- und Kleinbourgeoisie

بورژوازی حکومت پر تنقید میں انہوں نے کسان اور پیٹی بورژوازی کے معیار کو استعمال کیا۔

Und vom Standpunkt dieser Zwischenklassen aus ergreifen sie die Keule für die Arbeiterklasse

آخر کار، جب ضدی تاریخی حقائق نے خود فریبی کے تمام نشہ آور اثرات کو منتشر کر دیا تھا۔

diese Form des Sozialismus endete in einem elenden Anfall von Mitleid

سوشلزم کی یہ شکل افسوس ناک حالت میں ختم ہوئی۔

c) Deutscher oder "wahrer" Sozialismus

ج (جرمن، یا "سچ"، سوشلزم

Die sozialistische und kommunistische Literatur Frankreichs entstand unter dem Druck einer herrschenden Bourgeoisie

فرانس کا سوشلسٹ اور کمیونسٹ ادب برسراقتدار بورژوازی کے دباؤ میں پیدا ہوا۔

Und diese Literatur war der Ausdruck des Kampfes gegen diese Macht

اور یہ ادب اس طاقت کے خلاف جدوجہد کا اظہار تھا۔

sie wurde in Deutschland zu einer Zeit eingeführt, als die Bourgeoisie gerade ihren Kampf mit dem feudalen Absolutismus begonnen hatte

اسے جرمنی میں ایک ایسے وقت میں متعارف کرایا گیا تھا جب بورژوازی نے جاگیردارانہ آمریت کے ساتھ اپنا مقابلہ شروع کیا تھا۔

Deutsche Philosophen, Möchtegern-Philosophen und Beaux Esprits griffen begierig zu dieser Literatur

جرمن فلسفی، فلسفی اور بیکس مصنفین نے اس لٹریچر پر گہری دلچسپی سے غور کیا۔

aber sie vergaßen, daß die Schriften aus Frankreich nach Deutschland einwanderten, ohne die französischen Gesellschaftsverhältnisse mitzubringen

لیکن وہ بھول گئے کہ فرانسیسی سماجی حالات کو ساتھ لائے بغیر یہ تحریریں فرانس سے جرمنی منتقل ہوئیں۔

Im Kontakt mit den deutschen gesellschaftlichen Verhältnissen verlor diese französische Literatur ihre unmittelbare praktische Bedeutung

جرمن سماجی حالات سے رابطے میں یہ فرانسیسی ادب اپنی تمام
فوری عملی اہمیت کھو بیٹھا۔

und die kommunistische Literatur Frankreichs nahm in
deutschen akademischen Kreisen einen rein literarischen
Aspekt an

اور فرانس کے کمیونسٹ ادب نے جرمن تعلیمی حلقوں میں خالص
ادبی پہلو اختیار کر لیا۔

So waren die Forderungen der ersten Französischen
Revolution nichts anderes als die Forderungen der
"praktischen Vernunft"

اس طرح ، پہلے فرانسیسی انقلاب کے مطالبات "عملی وجہ "کے
مطالبات سے زیادہ کچھ نہیں تھے۔

und die Willensäußerung der revolutionären französischen
Bourgeoisie bedeutete in ihren Augen das Gesetz des reinen
Willens

اور انقلابی فرانسیسی بورژوازی کی مرضی کے اظہار نے ان کی
آنکھوں میں خالص ارادے کے قانون کی نشاندہی کی۔

es bedeutete den Willen, wie er sein mußte; des wahren
menschlichen Willens überhaupt

اس نے وصیت کو اس طرح ظاہر کیا جیسا کہ یہ لازمی تھا۔ عام طور
پر سچے انسان کی مرضی

Die Welt der deutschen Literaten bestand einzig und allein
darin, die neuen französischen Ideen mit ihrem alten
philosophischen Gewissen in Einklang zu bringen

جرمن ادب کی دنیا صرف نئے فرانسیسی نظریات کو ان کے قدیم
فلسفیانہ ضمیر کے ساتھ ہم آہنگ کرنے پر مشتمل تھی۔

oder vielmehr, sie annektierten die französischen Ideen,
ohne ihren eigenen philosophischen Standpunkt
aufzugeben

یا اس کے بجائے، انہوں نے اپنے فلسفیانہ نقطہ نظر کو چھوڑے بغیر
فرانسیسی نظریات کو ضم کر لیا۔

Diese Annexion vollzog sich auf die gleiche Weise, wie man
sich eine Fremdsprache aneignet, nämlich durch
Übersetzung

یہ الحاق اسی طرح ہوا جس طرح کسی غیر ملکی زبان کا استعمال کیا
جاتا ہے، یعنی ترجمہ کے ذریعے۔

Es ist bekannt, wie die Mönche alberne Leben katholischer Heiliger über Manuskripte schrieben

یہ سب جانتے ہیں کہ کس طرح راہبوں نے مخطوطات پر کیتھولک سنتوں کی احمقانہ زندگیاں لکھیں۔

die Manuskripte, auf denen die klassischen Werke des antiken Heidentums geschrieben waren

وہ مخطوطات جن پر قدیم ہیتھنڈوم کے کلاسیکی کام لکھے گئے تھے۔

Die deutschen Literaten kehrten diesen Prozess mit der profanen französischen Literatur um

جرمن ادب نے اس عمل کو فرانسیسی ادب کے ساتھ الٹ دیا۔

Sie schrieben ihren philosophischen Unsinn unter das französische Original

انہوں نے فرانسیسی اصل کے نیچے اپنی فلسفیانہ فضول باتیں لکھیں۔

Zum Beispiel schrieben sie unter der französischen Kritik an den ökonomischen Funktionen des Geldes "Entfremdung der Menschheit"

مثال کے طور پر ، پیسے کے معاشی افعال پر فرانسیسی تنقید کے نیچے ، انہوں نے "انسانیت کی علیحدگی "لکھا۔

unter die französische Kritik am Bourgeoisie Staat schrieben sie "Entthronung der Kategorie des Generals"

بورژوازی ریاست پر فرانسیسی تنقید کے نیچے انہوں نے "جنرل کے زمرے کا تختہ الٹنا "لکھا۔

Die Einführung dieser philosophischen Phrasen hinter der französischen Geschichtskritik nannten sie:

فرانسیسی تاریخی تنقید کے پیچھے ان فلسفیانہ فقروں کا تعارف جسے انہوں نے کہا:

"Philosophie des Handelns", "Wahrer Sozialismus", "Deutsche Sozialismuswissenschaft", "Philosophische Grundlagen des Sozialismus" und so weiter

"فلسفہ عمل"، "حقیقی سوشلزم"، "سوشلزم کی جرمن سائنس" "سوشلزم کی فلسفیانہ بنیاد"، اور اسی طرح"

Die französische sozialistische und kommunistische Literatur wurde damit völlig entmannt

اس طرح فرانسیسی سوشلسٹ اور کمیونسٹ ادب مکمل طور پر ختم ہو گیا۔

in den Händen der deutschen Philosophen hörte sie auf, den
Kampf der einen Klasse mit der anderen auszudrücken

جرمن فلسفیوں کے ہاتھوں میں اس نے ایک طبقے کی دوسرے طبقے
کے ساتھ جدوجہد کا اظہار کرنا بند کر دیا۔

und so fühlten sich die deutschen Philosophen bewußt, die
"französische Einseitigkeit" überwunden zu haben

اور اس طرح جرمن فلسفیوں نے "فرانسیسی یک طرفہت "پر قابو
پانے کا شعور محسوس کیا۔

Sie musste keine wahren Forderungen repräsentieren,
sondern sie repräsentierte Forderungen der Wahrheit

اسے حقیقی تقاضوں کی نمائندگی کرنے کی ضرورت نہیں تھی ، بلکہ
یہ سچائی کے تقاضوں کی نمائندگی کرتا تھا۔ ،

es gab kein Interesse am Proletariat, sondern an der
menschlichen Natur

پرولتاریہ میں کوئی دلچسپی نہیں تھی، بلکہ انسانی فطرت میں دلچسپی
تھی۔

das Interesse galt dem Menschen überhaupt, der keiner
Klasse angehört und keine Wirklichkeit hat

دلچسپی عام طور پر انسان میں تھی ، جس کا تعلق کسی طبقے سے
نہیں ہے ، اور اس کی کوئی حقیقت نہیں ہے۔

ein Mann, der nur im nebligen Reich der philosophischen
Fantasie existiert

ایک آدمی جو صرف فلسفیانہ تصور کے دھندلے دائرے میں موجود
ہے

aber schließlich verlor auch dieser deutsche
Schulsozialismus seine pedantische Unschuld

لیکن آخر کار اس سکول کے طالب علم جرمن سوشلزم نے بھی اپنی
بے گناہی کھو دی۔

die deutsche Bourgeoisie und besonders die preußische
Bourgeoisie kämpfte gegen die feudale Aristokratie

جرمن بورژوازی اور خاص طور پر پروشیا بورژوازی نے
جاگیردارانہ اشرافیہ کے خلاف لڑائی لڑی۔

auch die absolute Monarchie Deutschlands und Preußens
wurde bekämpft

جرمنی اور پروشیا کی مطلق بادشاہت کے خلاف بھی بغاوت کی جا
رہی تھی۔

Und im Gegenzug wurde auch die Literatur der liberalen
Bewegung ernster

اور اس کے نتیجے میں لبرل تحریک کا ادب بھی زیادہ سنجیدہ ہو گیا۔

Deutschlands lang ersehnte Chance auf einen "wahren"
Sozialismus wurde geboten

جرمنی میں "حقیقی "سوشلزم کے لئے دیرینہ موقع پیش کیا گیا

die Möglichkeit, die politische Bewegung mit den
sozialistischen Forderungen zu konfrontieren

سوشلسٹ مطالبات کے ساتھ سیاسی تحریک کا مقابلہ کرنے کا موقع

die Gelegenheit, die traditionellen Bannsprüche gegen den
Liberalismus zu schleudern

لبرل ازم کے خلاف روایتی انتھیما پھینکنے کا موقع

die Möglichkeit, die repräsentative Regierung und die
Bourgeoisie Konkurrenz anzugreifen

نمائندہ حکومت اور بورژوازی مسابقت پر حملہ کرنے کا موقع

Pressefreiheit der Bourgeoisie, Bourgeoisie Gesetzgebung,
Bourgeoisie Freiheit und Gleichheit

بورژوازی کی پریس کی آزادی، بورژوازی قانون سازی، بورژوازی
کی آزادی اور مساوات

All dies könnte nun in der realen Welt kritisiert werden,
anstatt in der Fantasie

ان سب کو اب تصور کے بجائے حقیقی دنیا میں تنقید کا نشانہ بنایا جا
سکتا ہے۔

Feudalaristokratie und absolute Monarchie hatten den
Massen lange gepredigt

جاگیردارانہ اشرافیہ اور مطلق العنان بادشاہت نے طویل عرصے سے
عوام کو تبلیغ کی تھی۔

"Der Arbeiter hat nichts zu verlieren und er hat alles zu
gewinnen"

"محنت کش آدمی کے پاس کھونے کے لئے کچھ نہیں ہے، اور اس"
"کے پاس حاصل کرنے کے لئے سب کچھ ہے

auch die Bourgeoisie bewegung bot eine Chance, sich mit
diesen Plattitüden auseinanderzusetzen

بورژوازی تحریک نے بھی ان سازشوں کا مقابلہ کرنے کا موقع فراہم
کیا۔

die französische Kritik setzte die Existenz der modernen
Bourgeoisie Gesellschaft voraus

فرانسیسی تنقید نے جدید بورژوازی معاشرے کے وجود کو پیش نظر
رکھا

Bourgeoisie, ökonomische Existenzbedingungen und
Bourgeoisie politische Verfassung

بورژوازی کے وجود کے معاشی حالات اور بورژوازی سیاسی آئین

gerade die Dinge, deren Errungenschaft Gegenstand des in
Deutschland anstehenden Kampfes war

وہی چیزیں جن کا حصول جرمنی میں زیر التوا جدوجہد کا مقصد تھا

Deutschlands albernes Echo des Sozialismus hat diese Ziele
gerade noch rechtzeitig aufgegeben

جرمنی میں سوشلزم کی احمقانہ گونج نے وقت گزرنے کے ساتھ ہی ان
اہداف کو ترک کر دیا۔

Die absoluten Regierungen hatten ihre Gefolgschaft aus
Pfarrern, Professoren, Landjunkern und Beamten

مطلق العنان حکومتوں کے پاس پارسنز، پروفیسرز، کنٹری اسکوائرز
اور افسران کی پیروی تھی۔

die damalige Regierung begegnete den deutschen
Arbeiteraufständen mit Auspeitschungen und Kugeln

اس وقت کی حکومت نے جرمن محنت کش طبقے کے ابھرتے ہوئے
لوگوں کو کوڑے مارنے اور گولیوں سے نمٹا۔

ihnen diente dieser Sozialismus als willkommene
Vogelscheuche gegen die drohende Bourgeoisie

ان کے لیے اس سوشلزم نے خطرے سے دوچار بورژوازی کے خلاف
ایک خوش آئند خوف کا کام کیا۔

und die deutsche Regierung konnte nach den bitteren
Pillen, die sie austeilte, ein süßes Dessert anbieten

اور جرمن حکومت کڑوی گولیاں دینے کے بعد میٹھی مٹھائی پیش
کرنے میں کامیاب ہو گئی۔

dieser "wahre" Sozialismus diente also den Regierungen als
Waffe im Kampf gegen die deutsche Bourgeoisie

اس طرح اس "حقیقی" سوشلزم نے جرمن بورژوازی سے لڑنے کے
لئے حکومتوں کو ایک ہتھیار کے طور پر کام کیا۔

und gleichzeitig repräsentierte sie direkt ein reaktionäres
Interesse; die der deutschen Philister

اور، ایک ہی وقت میں، یہ براہ راست ایک رجعتی دلچسپی کی نمائندگی کرتا ہے۔ جرمن فلسطینیوں کے بارے میں

In Deutschland ist das Kleinbourgeoisie die wirkliche gesellschaftliche Grundlage des bestehenden Zustandes

جرمنی میں پیٹی بورژوازی طبقہ موجودہ حالات کی حقیقی سماجی بنیاد ہے۔

Ein Relikt des sechzehnten Jahrhunderts, das immer wieder in verschiedenen Formen auftaucht

سولہویں صدی کا ایک سلسلہ جو مسلسل مختلف شکلوں میں ابھر رہا ہے

Diese Klasse zu bewahren bedeutet, den bestehenden Zustand in Deutschland zu bewahren

اس طبقے کو محفوظ رکھنے کا مطلب جرمنی میں موجودہ حالات کو برقرار رکھنا ہے۔

Die industrielle und politische Vorherrschaft der Bourgeoisie bedroht das KleinBourgeoisie mit der sicheren Vernichtung

بورژوازی کی صنعتی اور سیاسی بالادستی چھوٹے بورژوازی کو کچھ تباہی کے ساتھ خطرہ ہے

auf der einen Seite droht sie das Kleinbourgeoisiedurch die Konzentration des Kapitals zu vernichten

ایک طرف، یہ سرمائے کے ارتکاز کے ذریعے چھوٹی بورژوازی کو تباہ کرنے کی دھمکی دیتا ہے

auf der anderen Seite droht die Bourgeoisie, sie durch den Aufstieg eines revolutionären Proletariats zu zerstören

دوسری طرف بورژوازی ایک انقلابی پرولتاریہ کے عروج کے ذریعے اسے تباہ کرنے کی دھمکی دیتی ہے۔

Der "wahre" Sozialismus schien diese beiden Fliegen mit einer Klappe zu schlagen. Es breitete sich wie eine Epidemie aus

سچا "سوشلزم ان دونوں پرندوں کو ایک پتھر سے مارتا دکھائی دیا۔" یہ ایک وبا کی طرح پھیل گیا

Das Gewand spekulativer Spinnweben, bestickt mit Blumen der Rhetorik, durchtränkt vom Tau kränklicher Gefühle

قیاس آرائیوں پر مبنی جالوں کا لباس، جو بیان بازی کے پھولوں سے کڑھائی کی گئی تھی، بیمار جذبات کی اوس میں ڈوبی ہوئی تھی۔

dieses transzendentale Gewand, in das die deutschen
Sozialisten ihre traurigen "ewigen Wahrheiten" hüllten

یہ روحانی لباس جس میں جرمن سوشلسٹوں نے اپنی افسوسناک "ابدی
سچائیوں "کو لپیٹ رکھا تھا۔

alle Haut und Knochen, dienten dazu, den Absatz ihrer
Waren bei einem solchen Publikum wunderbar zu
vermehren.

تمام جلد اور ہڈیاں، ایسے عوام کے درمیان اپنے سامان کی فروخت کو
حیرت انگیز طور پر بڑھانے کے لئے پیش کیا جاتا ہے

Und der deutsche Sozialismus seinerseits erkannte mehr
und mehr seine eigene Berufung

اور اپنی طرف سے ، جرمن سوشلزم نے ، زیادہ سے زیادہ ، اپنی ہی
کال کو تسلیم کیا۔

sie war berufen, die bombastische Vertreterin des
Kleinbourgeoisie Philisters zu sein

اسے پیٹی بورژوازی فلسطینیوں کا بمباسٹک نمائندہ کہا جاتا تھا۔

Sie proklamierte die deutsche Nation als Musternation und
den deutschen Kleinphilister als Mustermann

اس نے جرمن قوم کو ماڈل قوم قرار دیا، اور جرمن پیٹی فلسطینی کو
ماڈل مین قرار دیا۔

Jeder schurkischen Gemeinheit dieses Mustermenschen gab
sie eine verborgene, höhere, sozialistische Deutung

اس ماڈل انسان کے ہر ولن کو اس نے ایک پوشیدہ، اعلیٰ، سوشلسٹ
تشریح دی۔

diese höhere, sozialistische Deutung war das genaue
Gegenteil ihres wirklichen Charakters

یہ اعلیٰ، سوشلسٹ تشریح اس کے حقیقی کردار کے بالکل بر عکس
تھی۔

Sie ging so weit, sich der "brutal destruktiven" Tendenz des
Kommunismus direkt entgegenzustellen

یہ کمیونزم کے "وحشیانہ تباہ کن "رجحان کی براہ راست مخالفت
کرنے کی انتہائی حد تک چلا گیا۔

und sie proklamierte ihre höchste und unparteiische
Verachtung aller Klassenkämpfe

اور اس نے تمام طبقاتی جدوجہد کی اپنی اعلیٰ اور غیر جانبدارانہ
توہین کا اعلان کیا۔

Mit sehr wenigen Ausnahmen gehören alle sogenannten sozialistischen und kommunistischen Publikationen, die jetzt (1847) in Deutschland zirkulieren, in den Bereich dieser üblen und entnervenden Literatur

بہت کم مستثنیات کو چھوڑ کر، جرمنی میں اب)1847 (گردش کرنے والی تمام نام نہاد سوشلسٹ اور کمیونسٹ اشاعتیں اس فضول اور مضحکہ خیز ادب کے دائرہ کار سے تعلق رکھتی ہیں۔

2) Konservativer Sozialismus oder bürgerlicher Sozialismus

قدامت پسند سوشلزم، یا بورژوازی سوشلزم

Ein Teil der Bourgeoisie will soziale Missstände beseitigen

بورژوازی کا ایک حصہ سماجی شکایات کے ازالے کا خواہاں ہے۔

um den Fortbestand der Bourgeoisie Gesellschaft zu sichern

بورژوازی معاشرے کے مسلسل وجود کو محفوظ بنانے کے لئے

Zu dieser Sektion gehören Ökonomen, Philanthropen, Menschenfreunde

اس حصے میں ماہرین معاشیات، مخیر حضرات، انسان دوست افراد شامل ہیں۔

Verbesserer der Lage der Arbeiterklasse und Organisatoren der Wohltätigkeit

محنت کش طبقے کی حالت کو بہتر بنانے والے اور خیرات کے منتظمین

Mitglieder von Gesellschaften zur Verhütung von Tierquälerei

جانوروں پر ظلم کی روک تھام کے لئے سوسائٹیوں کے ارکان

Mäßigkeitsfanatiker, Loch-und-Ecken-Reformer aller erdenklichen Art

تذبذب کے جنونی، ہر قسم کے مصلحین

Diese Form des Sozialismus ist überdies zu vollständigen Systemen ausgearbeitet worden

اس کے علاوہ سوشلزم کی اس شکل کو مکمل نظام وں میں ڈھال دیا گیا ہے۔

Als Beispiel für diese Form sei Proudhons "Philosophie de la Misère" angeführt

ہم اس شکل کی ایک مثال کے طور پر پراؤڈن کے "فلسفے ڈی لا میسر "کا حوالہ دے سکتے ہیں۔

Die sozialistische Bourgeoisie will alle Vorteile der modernen gesellschaftlichen Verhältnisse

سوشلسٹ بورژوازی جدید سماجی حالات کے تمام فوائد چاہتی ہے

aber die sozialistische Bourgeoisie will nicht unbedingt die daraus resultierenden Kämpfe und Gefahren

لیکن سوشلسٹ بورژوازی لازمی طور پر اس کے نتیجے میں ہونے والی جدوجہد اور خطرات نہیں چاہتے ہیں۔

Sie wollen den bestehenden Zustand der Gesellschaft, abzüglich ihrer revolutionären und zerfallenden Elemente

وہ معاشرے کی موجودہ حالت چاہتے ہیں، اس کے انقلابی اور منتشر عناصر کو چھوڑ کر

mit anderen Worten, sie wünschen sich eine Bourgeoisie ohne Proletariat

دوسرے لفظوں میں، وہ پرولتاریہ کے بغیر بورژوازی چاہتے ہیں

Die Bourgeoisie begreift natürlich die Welt, in der sie die höchste ist, die Beste zu sein

بورژوازی فطری طور پر اس دنیا کا تصور کرتی ہے جس میں بہترین ہونا سب سے اوپر ہے۔

und der Bourgeoisie Sozialismus entwickelt diese bequeme Auffassung zu verschiedenen mehr oder weniger vollständigen Systemen

اور بورژوازی سوشلزم اس آرام دہ تصور کو کم و بیش مکمل نظاموں میں تیار کرتا ہے۔

sie wünschen sich sehr, dass das Proletariat geradewegs in das soziale Neue Jerusalem marschiert

وہ بہت پسند کریں گے کہ پرولتاریہ براہ راست سماجی نئے یروشلم کی طرف مارچ کرے۔

Aber in Wirklichkeit verlangt sie, dass das Proletariat innerhalb der Grenzen der bestehenden Gesellschaft bleibt

لیکن حقیقت میں اس کے لئے پرولتاریہ کو موجودہ معاشرے کی حدود میں رہنے کی ضرورت ہے۔

sie fordern das Proletariat auf, alle seine hasserfüllten Ideen über die Bourgeoisie abzulegen

وہ پرولتاریہ سے کہتے ہیں کہ بورژوازی کے بارے میں ان کے تمام نفرت انگیز خیالات کو ترک کر دیا جائے۔

es gibt eine zweite, praktischere, aber weniger systematische Form dieses Sozialismus

اس سوشلزم کی ایک دوسری زیادہ عملی لیکن کم منظم شکل ہے۔

Diese Form des Sozialismus versuchte, jede revolutionäre Bewegung in den Augen der Arbeiterklasse abzuwerten

سوشلزم کی اس شکل نے محنت کش طبقے کی نظروں میں ہر انقلابی تحریک کو کمزور کرنے کی کوشش کی۔

Sie argumentieren, dass keine bloße politische Reform für sie von Vorteil sein könnte

ان کا کہنا ہے کہ محض سیاسی اصلاحات سے ان کو کوئی فائدہ نہیں ہو سکتا۔

nur eine Veränderung der materiellen Existenzbedingungen in den wirtschaftlichen Beziehungen ist von Nutzen

معاشی تعلقات میں وجود کے مادی حالات میں تبدیلی ہی فائدہ مند ہے۔

Wie der Kommunismus tritt auch diese Form des Sozialismus für eine Veränderung der materiellen Existenzbedingungen ein

کمیونزم کی طرح ، سوشلزم کی یہ شکل وجود کے مادی حالات میں تبدیلی کی وکالت کرتی ہے۔

Diese Form des Sozialismus bedeutet jedoch keineswegs, dass die Bourgeoisie Produktionsverhältnisse abgeschafft werden

تاہم ، سوشلزم کی یہ شکل کسی بھی طرح سے بورژوازی کے پیداواری تعلقات کے خاتمے کی تجویز نہیں دیتی ہے۔

die Abschaffung der Bourgeoisie Produktionsverhältnisse kann nur durch eine Revolution erreicht werden

بورژوازی کے پیداواری تعلقات کا خاتمہ صرف انقلاب کے ذریعے ہی حاصل کیا جا سکتا ہے۔

Doch statt einer Revolution schlägt diese Form des Sozialismus Verwaltungsreformen vor

لیکن انقلاب کے بجائے سوشلزم کی یہ شکل انتظامی اصلاحات تجویز کرتی ہے۔

und diese Verwaltungsreformen würden auf dem Fortbestand dieser Beziehungen beruhen

اور یہ انتظامی اصلاحات ان تعلقات کے مسلسل وجود پر مبنی ہوں گی۔

Reformen, die in keiner Weise die Beziehungen zwischen Kapital und Arbeit berühren

لہٰذا ایسی اصلاحات جن سے سرمائے اور محنت کے درمیان تعلقات پر کوئی اثر نہ پڑے۔

im besten Fall verringern solche Reformen die Kosten und vereinfachen die Verwaltungsarbeit der Bourgeoisie Regierung

زیادہ سے زیادہ، اس طرح کی اصلاحات لاگت کو کم کرتی ہیں اور بورژوازی حکومت کے انتظامی کام کو آسان بناتی ہیں۔

Der Bourgeoisie Sozialismus kommt dann und nur dann adäquat zum Ausdruck, wenn er zur bloßen Redewendung wird

بورژوا سوشلزم مناسب اظہار حاصل کرتا ہے، جب، اور صرف اسی وقت، جب، یہ محض تقریر کی ایک شخصیت بن جاتا ہے

Freihandel: zum Wohle der Arbeiterklasse

آزاد تجارت :محنت کش طبقے کے فائدے کے لئے

Schutzpflichten: zum Wohle der Arbeiterklasse

حفاظتی فرائض :محنت کش طبقے کے فائدے کے لئے

Gefängnisreform: zum Wohle der Arbeiterklasse

جیل اصلاحات :محنت کش طبقے کے فائدے کے لیے

Das ist das letzte Wort und das einzig ernst gemeinte Wort des Bourgeoisie Sozialismus

یہ بورژوازی سوشلزم کا آخری لفظ اور واحد سنجیدہ لفظ ہے۔

Sie ist in dem Satz zusammengefasst: Die Bourgeoisie ist eine Bourgeoisie zum Wohle der Arbeiterklasse

اس کا خلاصہ اس جملے میں کیا گیا ہے :بورژوازی محنت کش طبقے کے فائدے کے لئے بورژوازی ہے۔

3) Kritisch-utopischer Sozialismus und Kommunismus

تنقیدی یوٹوپیائی سوشلزم اور کمیونزم

Wir beziehen uns hier nicht auf jene Literatur, die den Forderungen des Proletariats immer eine Stimme gegeben hat

ہم یہاں اس ادب کا ذکر نہیں کرتے جس نے ہمیشہ پرولتاریہ کے مطالبات کو آواز دی ہو۔

dies war in jeder großen modernen Revolution vorhanden, wie z. B. in den Schriften von Babeuf und anderen

یہ ہر عظیم جدید انقلاب میں موجود رہا ہے ، جیسے بابوف اور دیگر کی تحریریں۔

Die ersten unmittelbaren Versuche des Proletariats, seine eigenen Ziele zu erreichen, scheiterten notwendigerweise

پرولتاریہ کی اپنے مقاصد کے حصول کی پہلی براہ راست کوشش لازمی طور پر ناکام رہی۔

Diese Versuche wurden in Zeiten allgemeiner Aufregung unternommen, als die feudale Gesellschaft gestürzt wurde

یہ کوششیں عالمگیر جوش و خروش کے دور میں کی گئیں، جب جاگیردارانہ معاشرے کا تختہ الٹا جا رہا تھا۔

Der damals noch unterentwickelte Zustand des Proletariats führte zum Scheitern dieser Versuche

پرولتاریہ کی اس وقت کی غیر ترقی یافتہ حالت ان کوششوں کو ناکام بنانے کا سبب بنی۔

und sie scheiterten am Fehlen der wirtschaftlichen Voraussetzungen für ihre Emanzipation

اور اس کی آزادی کے لئے معاشی حالات کی عدم موجودگی کی وجہ سے وہ ناکام ہوگئے۔

Bedingungen, die erst noch geschaffen werden mussten und die durch die bevorstehende Epoche der Bourgeoisie allein hervorgebracht werden konnten

ایسے حالات جو ابھی تک پیدا نہیں ہوئے تھے، اور صرف آنے والے بورژوازی دور سے پیدا ہوسکتے تھے۔

Die revolutionäre Literatur, die diese ersten Bewegungen des Proletariats begleitete, hatte notwendigerweise einen reaktionären Charakter

پرولتاریہ کی ان پہلی تحریکوں کے ساتھ آنے والا انقلابی ادب لازمی
طور پر رجعتی کردار کا حامل تھا۔

Diese Literatur schärfte universelle Askese und soziale
Nivellierung in ihrer gröbsten Form ein

اس لٹریچر نے عالمگیر تشنگی اور سماجی سطح کو اپنی بدترین شکل
میں پروان چڑھایا۔

Die sozialistischen und kommunistischen Systeme, die man
eigentlich so nennt, entstehen in der frühen unentwickelten
Periode

سوشلسٹ اور کمیونسٹ نظام، جسے مناسب طور پر کہا جاتا ہے،
ابتدائی غیر ترقی یافتہ دور میں وجود میں آیا۔

Saint-Simon, Fourier, Owen und andere beschrieben den
Kampf zwischen Proletariat und Bourgeoisie (siehe
Abschnitt 1)

سینٹ سائمن، فورئیر، اوون اور دیگر نے پرولتاریہ اور بورژوازی کے
درمیان جدوجہد کو بیان کیا)سیکشن 1 دیکھیں(

Die Begründer dieser Systeme sehen in der Tat die
Klassengegensätze

ان نظاموں کے بانی درحقیقت طبقاتی دشمنیوں کو دیکھتے ہیں۔

Sie sehen auch das Wirken der sich zersetzenden Elemente
in der herrschenden Gesellschaftsform

وہ معاشرے کی مروجہ شکل میں سڑنے والے عناصر کے عمل کو
بھی دیکھتے ہیں۔

Aber das Proletariat, das noch in den Kinderschuhen steckt,
bietet ihnen das Schauspiel einer Klasse ohne jede
historische Initiative

لیکن پرولتاریہ، جو ابھی اپنے ابتدائی مراحل میں ہے، انہیں ایک ایسے
طبقے کا تماشا پیش کرتا ہے جس میں کوئی تاریخی پہل نہیں کی گئی۔

Sie sehen das Schauspiel einer sozialen Klasse ohne
unabhängige politische Bewegung

وہ کسی آزاد سیاسی تحریک کے بغیر ایک سماجی طبقے کا تماشا
دیکھتے ہیں۔

Die Entwicklung des Klassengegensatzes hält mit der
Entwicklung der Industrie Schritt

طبقاتی دشمنی کی ترقی صنعت کی ترقی کے ساتھ بھی مطابقت رکھتی
ہے۔

Die ökonomische Lage bietet ihnen also noch nicht die materiellen Bedingungen für die Befreiung des Proletariats

لہذا معاشی صورت حال ابھی تک انہیں پرولتاریہ کی آزادی کے لیے مادی حالات پیش نہیں کرتی۔

Sie suchen also nach einer neuen Sozialwissenschaft, nach neuen sozialen Gesetzen, die diese Bedingungen schaffen sollen

لہذا وہ نئے سماجی قوانین کے بعد ایک نئی سماجی سائنس کی تلاش کرتے ہیں ، جو ان حالات کو پیدا کرنے کے لئے ہے۔

historisches Handeln besteht darin, sich ihrem persönlichen erfinderischen Handeln zu beugen

تاریخی عمل ان کے ذاتی اختراعی عمل کے آگے جھکنا ہے۔

Historisch geschaffene Emanzipationsbedingungen sollen phantastischen Verhältnissen weichen

تاریخی طور پر تخلیق کردہ آزادی کے حالات حیرت انگیز حالات کے سامنے جھک جاتے ہیں۔

und die allmähliche, spontane Klassenorganisation des Proletariats soll der Organisation der Gesellschaft weichen

اور پرولتاریہ کی بتدریج، بے ساختہ طبقاتی تنظیم معاشرے کی تنظیم کے سامنے جھکنا ہے۔

die Organisation der Gesellschaft, die von diesen Erfindern eigens ersonnen wurde

معاشرے کی تنظیم جو خاص طور پر ان موجدوں کے ذریعہ تیار کی گئی ہے

Die zukünftige Geschichte löst sich in ihren Augen in die Propaganda und die praktische Durchführung ihrer sozialen Pläne auf

مستقبل کی تاریخ، ان کی نظر میں، پروپیگنڈے اور ان کے سماجی منصوبوں کو عملی جامہ پہنانے میں خود کو حل کرتی ہے۔

Bei der Ausarbeitung ihrer Pläne sind sie sich bewußt, daß sie sich in erster Linie um die Interessen der Arbeiterklasse kümmern

اپنے منصوبوں کی تشکیل میں وہ بنیادی طور پر محنت کش طبقے کے مفادات کا خیال رکھنے کے بارے میں شعور رکھتے ہیں۔

Nur unter dem Gesichtspunkt, die leidendste Klasse zu sein, existiert das Proletariat für sie

صرف سب سے زیادہ تکلیف دہ طبقہ ہونے کے نقطہ نظر سے پرولتاریہ ان کے لئے موجود ہے۔

Der unentwickelte Zustand des Klassenkampfes und ihre eigene Umgebung prägen ihre Meinungen

طبقاتی جدوجہد کی غیر ترقی یافتہ حالت اور ان کا اپنا ماحول ان کی رائے سے آگاہ کرتا ہے۔

Sozialisten dieser Art halten sich allen Klassengegensätzen weit überlegen

اس قسم کے سوشلسٹ اپنے آپ کو تمام طبقاتی دشمنیوں سے کہیں زیادہ برتر سمجھتے ہیں۔

Sie wollen die Lage jedes Mitglieds der Gesellschaft verbessern, auch die der Begünstigten

وہ معاشرے کے ہر فرد کی حالت کو بہتر بنانا چاہتے ہیں، یہاں تک کہ سب سے زیادہ پسندیدہ افراد کی حالت کو بھی۔

Daher appellieren sie gewöhnlich an die Gesellschaft als Ganzes, ohne Unterschied der Klasse

لہٰذا، وہ طبقاتی تفریق کے بغیر بڑے پیمانے پر معاشرے کو اپنی طرف راغب کرتے ہیں۔

Ja, sie appellieren an die Gesellschaft als Ganzes, indem sie die herrschende Klasse bevorzugen

نہیں، وہ حکمران طبقے کو ترجیح دے کر بڑے پیمانے پر معاشرے سے اپیل کرتے ہیں۔

Für sie ist alles, was es braucht, dass andere ihr System verstehen

ان کے لئے، دوسروں کو ان کے نظام کو سمجھنے کی ضرورت ہے۔

Denn wie können die Menschen nicht erkennen, dass der bestmögliche Plan für den bestmöglichen Zustand der Gesellschaft ist?

کیونکہ لوگ یہ دیکھنے میں کیسے ناکام ہوسکتے ہیں کہ بہترین ممکنہ منصوبہ معاشرے کی بہترین ممکنہ حالت کے لئے ہے؟

Daher lehnen sie jede politische und vor allem jede revolutionäre Aktion ab

لہٰذا وہ تمام سیاسی اور خاص طور پر تمام انقلابی اقدامات کو مسترد کرتے ہیں۔

Sie wollen ihre Ziele mit friedlichen Mitteln erreichen

وہ پرامن طریقوں سے اپنے مقاصد حاصل کرنا چاہتے ہیں

Sie bemühen sich durch kleine Experimente, die notwendigerweise zum Scheitern verurteilt sind

وہ چھوٹے تجربات کے ذریعے کوشش کرتے ہیں، جو لازمی طور پر ناکامی کا شکار ہوتے ہیں۔

und durch die Kraft des Beispiels versuchen sie, den Weg für das neue soziale Evangelium zu ebnen

اور مثال کی طاقت سے وہ نئی سماجی انجیل کی راہ ہموار کرنے کی کوشش کرتے ہیں۔

Welch phantastische Bilder von der zukünftigen Gesellschaft, gemalt in einer Zeit, in der sich das Proletariat noch in einem sehr unterentwickelten Zustand befindet

مستقبل کے معاشرے کی ایسی شاندار تصویریں، ایک ایسے وقت میں پینٹ کی گئی ہیں جب پرولتاریہ ابھی بھی بہت غیر ترقی یافتہ حالت میں ہے۔

und sie hat immer noch nur eine phantastische Vorstellung von ihrer eigenen Stellung

اور اس کے پاس اب بھی اپنی حیثیت کے بارے میں ایک حیرت انگیز تصور موجود ہے۔

aber ihre ersten instinktiven Sehnsüchte entsprechen den Sehnsüchten des Proletariats

لیکن ان کی پہلی جبلی خواہشات پرولتاریہ کی خواہشات سے مطابقت رکھتی ہیں۔

Beide sehnen sich nach einem allgemeinen Umbau der Gesellschaft

دونوں معاشرے کی عمومی تعمیر نو کے خواہاں ہیں

Aber diese sozialistischen und kommunistischen Veröffentlichungen enthalten auch ein kritisches Element

لیکن ان سوشلسٹ اور کمیونسٹ مطبوعات میں ایک اہم عنصر بھی شامل ہے۔

Sie greifen jedes Prinzip der bestehenden Gesellschaft an

وہ موجودہ معاشرے کے ہر اصول پر حملہ کرتے ہیں

Daher sind sie voll von den wertvollsten Materialien für die Aufklärung der Arbeiterklasse

لہذا وہ محنت کش طبقے کی روشن خیالی کے لئے سب سے قیمتی مواد سے بھرے ہوئے ہیں۔

Sie schlagen die Abschaffung der Unterscheidung zwischen Stadt und Land und der Familie vor

وہ شہر اور ملک اور خاندان کے درمیان فرق کو ختم کرنے کی تجویز دیتے ہیں

die Abschaffung des Gewerbetreibens für Rechnung von Privatpersonen

نجی افراد کے اکاؤنٹ کے لئے صنعتوں کو جاری رکھنے کا خاتمہ

und die Abschaffung des Lohnsystems und die Proklamation des sozialen Friedens

اور اجرت کے نظام کا خاتمہ اور سماجی ہم آہنگی کا اعلان

die Verwandlung der Funktionen des Staates in eine bloße Aufsicht über die Produktion

ریاست کے افعال کو محض پیداوار کی نگرانی میں تبدیل کرنا

Alle diese Vorschläge deuten einzig und allein auf das Verschwinden der Klassengegensätze hin

یہ تمام تجاویز، صرف طبقاتی دشمنیوں کے غائب ہونے کی طرف اشارہ کرتی ہیں

Klassengegensätze waren damals gerade erst im Entstehen begriffen

اس وقت طبقاتی دشمنیاں صرف ابھر رہی تھیں۔

In diesen Veröffentlichungen werden diese Klassengegensätze nur in ihren frühesten, undeutlichen und unbestimmten Formen anerkannt

ان مطبوعات میں ان طبقاتی دشمنیوں کو ان کی ابتدائی، غیر واضح اور غیر واضح شکلوں میں ہی تسلیم کیا گیا ہے۔

Diese Vorschläge haben also rein utopischen Charakter

لہٰذا یہ تجاویز خالصتا یوٹوپیائی نوعیت کی ہیں۔

Die Bedeutung des kritisch-utopischen Sozialismus und des Kommunismus steht in einem umgekehrten Verhältnis zur historischen Entwicklung

تنقیدی یوٹوپیائی سوشلزم اور کمیونزم کی اہمیت کا تاریخی ترقی سے الٹا تعلق ہے۔

Der moderne Klassenkampf wird sich entwickeln und weiter konkrete Gestalt annehmen

جدید طبقاتی جدوجہد ترقی کرے گی اور یقینی شکل اختیار کرتی رہے گی۔

Dieses fantastische Ansehen des Wettbewerbs wird jeden praktischen Wert verlieren

مقابلے سے یہ شاندار مقام تمام عملی اہمیت کھو دے گا

Diese phantastischen Angriffe auf die Klassengegensätze verlieren jede theoretische Rechtfertigung

طبقاتی دشمنیوں پر یہ حیرت انگیز حملے تمام نظریاتی جواز کھو دیں گے۔

Die Urheber dieser Systeme waren in vielerlei Hinsicht revolutionär

ان نظاموں کے بانی کئی لحاظ سے انقلابی تھے۔

Aber ihre Jünger haben in jedem Fall bloße reaktionäre Sekten gebildet

لیکن ان کے شاگردوں نے، ہر معاملے میں، محض رجعتی فرقے بنائے ہیں۔

Sie halten an den ursprünglichen Ansichten ihrer Meister fest

وہ اپنے آقاؤں کے اصل خیالات کو مضبوطی سے پکڑتے ہیں۔

Aber diese Anschauungen stehen im Gegensatz zur fortschreitenden geschichtlichen Entwicklung des Proletariats

لیکن یہ خیالات پرولتاریہ کی ترقی پسند تاریخی ترقی کے مخالف ہیں۔

Sie bemühen sich daher, und zwar konsequent, den Klassenkampf abzustumpfen

لہٰذا وہ طبقاتی جدوجہد کو ختم کرنے کی مسلسل کوشش کرتے رہتے ہیں۔

Und sie bemühen sich konsequent, die Klassengegensätze zu versöhnen

اور وہ طبقاتی دشمنیوں کو یکجا کرنے کی مسلسل کوشش کرتے رہتے ہیں۔

Noch träumen sie von der experimentellen Umsetzung ihrer gesellschaftlichen Utopien

وہ اب بھی اپنے سماجی یوٹوپیا کے تجرباتی ادراک کا خواب دیکھتے ہیں

sie träumen immer noch davon, isolierte "Phalanster" zu gründen und "Heimatkolonien" zu gründen

وہ اب بھی الگ تھلگ "فلانسٹر "قائم کرنے اور "ہوم کالونیوں "کے قیام کا خواب دیکھتے ہیں۔

sie träumen davon, eine "Kleine Ikaria" zu errichten –
Duodecimo-Ausgaben des Neuen Jerusalem

وہ نئے یروشلم کے ڈوڈیسیمو ایڈیشن "لٹل اکیریا "قائم کرنے کا خواب دیکھتے ہیں۔

Und sie träumen davon, all diese Luftschlösser zu
verwirklichen

اور وہ ان تمام قلعوں کو ہوا میں محسوس کرنے کا خواب دیکھتے ہیں

Sie sind gezwungen, an die Gefühle und den Geldbeutel der
Bourgeoisie zu appellieren

وہ بورژوا کے جذبات اور پرسوں سے اپیل کرنے پر مجبور ہیں

Nach und nach sinken sie in die Kategorie der oben
dargestellten reaktionären konservativen Sozialisten

ڈگریوں کے لحاظ سے وہ رجعت پسند قدامت پسند سوشلسٹوں کے زمرے میں آتے ہیں جن کی تصویر اوپر دی گئی ہے۔

sie unterscheiden sich von diesen nur durch systematischere
Pedanterie

وہ ان سے صرف زیادہ منظم پیڈنٹری کے ذریعہ مختلف ہیں

und sie unterscheiden sich durch ihren fanatischen und
abergläubischen Glauben an die Wunderwirkungen ihrer
Sozialwissenschaft

اور وہ اپنی سماجی سائنس کے معجزاتی اثرات کے بارے میں اپنے جنونی اور توہم پرستی کے عقیدے سے اختلاف رکھتے ہیں۔

Sie widersetzen sich daher gewaltsam jeder politischen
Aktion der Arbeiterklasse

لہٰذا وہ محنت کش طبقے کی طرف سے تمام سیاسی کارروائیوں کی پرتشدد مخالفت کرتے ہیں۔

ein solches Handeln kann ihrer Meinung nach nur aus
blindem Unglauben an das neue Evangelium resultieren

ان کے مطابق اس طرح کا عمل صرف نئی انجیل پر اندھا کفر کا نتیجہ ہو سکتا ہے۔

Die Owenisten in England und die Fourieristen in
Frankreich stehen den Chartisten und den "Réformisten"
entgegen

،انگلستان میں اوونائٹس، اور فرانس میں فوریرسٹ، بالترتیب چارٹسٹوں اور "ریفرسٹس "کی مخالفت کرتے ہیں۔

Stellung der Kommunisten zu den verschiedenen bestehenden Oppositionsparteien

مختلف موجودہ مخالف جماعتوں کے حوالے سے کمیونسٹوں کا موقف

Abschnitt II hat die Beziehungen der Kommunisten zu den bestehenden Arbeiterparteien deutlich gemacht

سیکشن دوم نے کمیونسٹوں کے موجودہ محنت کش طبقے کی جماعتوں کے ساتھ تعلقات کو واضح کر دیا ہے۔

wie die Chartisten in England und die Agrarreformer in Amerika

جیسے انگلستان میں چاستوں، اور امریکہ میں زرعی اصلاح پسند

Die Kommunisten kämpfen für die Erreichung der unmittelbaren Ziele

کمیونسٹ فوری مقاصد کے حصول کے لئے لڑتے ہیں

Sie kämpfen für die Durchsetzung der momentanen Interessen der Arbeiterklasse

وہ محنت کش طبقے کے عارضی مفادات کے نفاذ کے لئے لڑتے ہیں۔

Aber in der politischen Bewegung der Gegenwart repräsentieren und kümmern sie sich auch um die Zukunft dieser Bewegung

لیکن موجودہ سیاسی تحریک میں، وہ اس تحریک کے مستقبل کی نمائندگی اور دیکھ بھال بھی کرتے ہیں۔

In Frankreich verbünden sich die Kommunisten mit den Sozialdemokraten

فرانس میں کمیونسٹ خود کو سوشل ڈیموکریٹس کے ساتھ اتحاد کرتے ہیں

und sie positionieren sich gegen die konservative und radikale Bourgeoisie

اور وہ خود کو قدامت پسند اور بنیاد پرست بورژوازی کے خلاف کھڑا کرتے ہیں۔

sie behalten sich jedoch das Recht vor, eine kritische
Position gegenüber Phrasen und Illusionen einzunehmen,
die traditionell aus der großen Revolution überliefert sind

تاہم، وہ روایتی طور پر عظیم انقلاب سے دیے گئے جملے اور وہم
کے حوالے سے تنقیدی موقف اختیار کرنے کا حق محفوظ رکھتے ہیں۔

In der Schweiz unterstützt man die Radikalen, ohne dabei
aus den Augen zu verlieren, dass diese Partei aus
antagonistischen Elementen besteht

سوئٹزرلینڈ میں وہ بنیاد پرستوں کی حمایت کرتے ہیں، اس حقیقت کو
نظر انداز کیے بغیر کہ یہ پارٹی مخالف عناصر پر مشتمل ہے۔

teils von demokratischen Sozialisten im französischen
Sinne, teils von radikaler Bourgeoisie

جزوی طور پر ڈیموکریٹک سوشلسٹ، فرانسیسی معنوں میں، جزوی
طور پر بنیاد پرست بورژوازی کے

In Polen unterstützen sie die Partei, die auf einer
Agrarrevolution als Hauptbedingung für die nationale
Emanzipation beharrt

پولینڈ میں وہ اس پارٹی کی حمایت کرتے ہیں جو قومی آزادی کی
بنیادی شرط کے طور پر زرعی انقلاب پر زور دیتی ہے۔

jene Partei, die 1846 den Krakauer Aufstand angezettelt
hatte

وہ جماعت جس نے 1846 میں کریکو کی بغاوت کو ہوا دی

In Deutschland kämpft man mit der Bourgeoisie, wenn sie
revolutionär handelt

جرمنی میں وہ بورژوازی کے ساتھ لڑتے ہیں جب بھی وہ انقلابی
طریقے سے کام کرتا ہے

gegen die absolute Monarchie, das feudale Eichhörnchen
und das Kleinbourgeoisie

مطلق العنان بادشاہت، جاگیردارانہ نظام اور پیٹی بورژوازی کے خلاف

Aber sie hören nicht auf, der Arbeiterklasse auch nur einen
Augenblick lang eine bestimmte Idee einzuflößen

لیکن وہ ایک لمحے کے لیے بھی محنت کش طبقے میں ایک خاص
خیال پیدا کرنے سے باز نہیں آتے۔

die klarste Erkenntnis des feindlichen Antagonismus
zwischen Bourgeoisie und Proletariat

بورژوازی اور پرولتاریہ کے درمیان دشمنی کی واضح ترین ممکنہ شناخت

damit die deutschen Arbeiter sofort von den ihnen zur Verfügung stehenden Waffen Gebrauch machen können

تاکہ جرمن کارکن براہ راست اپنے پاس موجود ہتھیاروں کا استعمال کرسکیں۔

die sozialen und politischen Bedingungen, die die Bourgeoisie mit ihrer Herrschaft notwendigerweise einführen muss

وہ سماجی اور سیاسی حالات جو بورژوازی کو اپنی بالادستی کے ساتھ لازمی طور پر متعارف کروانا ہوں گے۔

der Sturz der reaktionären Klassen in Deutschland ist unvermeidlich

جرمنی میں رجعتی طبقات کا زوال ناگزیر ہے

und dann kann der Kampf gegen die Bourgeoisie selbst sofort beginnen

اور پھر بورژوازی کے خلاف لڑائی فوری طور پر شروع ہوسکتی ہے۔

Die Kommunisten richten ihre Aufmerksamkeit hauptsächlich auf Deutschland, weil dieses Land am Vorabend einer Bourgeoisie Revolution steht

کمیونسٹ وں نے اپنی توجہ بنیادی طور پر جرمنی کی طرف مبذول کرائی، کیونکہ یہ ملک بورژوازی انقلاب کے موقع پر ہے۔

eine Revolution, die unter den fortgeschritteneren Bedingungen der europäischen Zivilisation durchgeführt werden muss

ایک انقلاب جو یورپی تہذیب کے زیادہ ترقی یافتہ حالات میں انجام دیا جانا ہے

Und sie wird mit einem viel weiter entwickelten Proletariat durchgeführt werden

اور یہ ایک زیادہ ترقی یافتہ پرولتاریہ کے ساتھ انجام دیا جانا لازمی ہے

ein Proletariat, das weiter fortgeschritten war als das Englands im 17. und Frankreichs im 18. Jahrhundert

سترہویں صدی میں انگلستان اور اٹھارہویں صدی میں فرانس سے زیادہ ترقی یافتہ پرولتاریہ

und weil die Bourgeoisie Revolution in Deutschland nur das Vorspiel zu einer unmittelbar folgenden proletarischen Revolution sein wird

اور کیونکہ جرمنی میں بورژوازی انقلاب فوری طور پر پرولتاری انقلاب کا پیش خیمہ ہوگا۔

Kurz gesagt, die Kommunisten unterstützen überall jede revolutionäre Bewegung gegen die bestehende soziale und politische Ordnung der Dinge

مختصر یہ کہ کمیونسٹ ہر جگہ موجودہ سماجی اور سیاسی نظام کے خلاف ہر انقلابی تحریک کی حمایت کرتے ہیں۔

In all diesen Bewegungen rücken sie als Leitfrage die Eigentumsfrage in den Vordergrund

ان تمام تحریکوں میں وہ سامنے لاتے ہیں، ہر ایک میں سب سے اہم سوال کے طور پر، جائیداد کا سوال۔

unabhängig davon, wie hoch der Entwicklungsstand in diesem Land zu diesem Zeitpunkt ist

اس سے کوئی فرق نہیں پڑتا کہ اس وقت اس ملک میں اس کی ترقی کی سطح کیا ہے۔

Schließlich setzen sie sich überall für die Vereinigung und Zustimmung der demokratischen Parteien aller Länder ein

آخر میں، وہ تمام ممالک کی جمہوری جماعتوں کے اتحاد اور اتفاق کے لئے ہر جگہ محنت کرتے ہیں۔

Die Kommunisten verschmähen es, ihre Ansichten und Ziele zu verheimlichen

کمیونسٹ اپنے خیالات اور مقاصد کو چھپانے سے نفرت کرتے ہیں

Sie erklären offen, dass ihre Ziele nur durch den gewaltsamen Umsturz aller bestehenden gesellschaftlichen Verhältnisse erreicht werden können

وہ کھلے عام اعلان کرتے ہیں کہ ان کے مقاصد صرف موجودہ تمام سماجی حالات کو زبردستی ختم کرکے ہی حاصل کیے جاسکتے ہیں۔

Mögen die herrschenden Klassen vor einer kommunistischen Revolution zittern

حکمران طبقات کو کمیونسٹ انقلاب پر کانپنے دیں

Die Proletarier haben nichts zu verlieren als ihre Ketten

پرولتاریہ کے پاس کھونے کے لیے کچھ نہیں ہے سوائے ان کی زنجیروں کے

Sie haben eine Welt zu gewinnen

ان کے پاس جیتنے کے لئے ایک دنیا ہے

ARBEITER ALLER LÄNDER, VEREINIGT EUCH!

إتمام ممالک کے محنت کش مرد، متحد ہو جاؤ

www.ingramcontent.com/pod-product-compliance
Lightning Source LLC
Chambersburg PA
CBHW011739020426
42333CB00024B/2951